经典品译
APPRECIATING CLASSICS

述志为本

沙博理英译诗词歌谣品读

任东升 王芳 著

序 一

  2020年9月在青岛举行了由中国翻译研究院和中国海洋大学联合主办、中国外文局沙博理研究中心中国海洋大学研究基地承办的"沙博理研究：回顾与前瞻"专题研讨会。会上，任东升教授介绍了研究成果《沙博理翻译艺术研究》的写作过程。该书于2022年出版，在学界取得了良好的反响。两年过后，获悉基地新成果《述志为本：沙博理英译诗词歌谣品读》出版在即，应任老师之邀，撰写此文，借此回忆老沙，也谈谈对沙博理研究的思考和展望。

  老沙是个地地道道的"中国通"。他住四合院、打太极拳、穿老北京布鞋、热爱武侠小说，操着一口标准的北京普通话，深谙中国社会的人情世故，可以说是融入中国生活最深的外国专家。他也是外文局唯一一位要求与中国同事同吃、同住、同劳动的外国专家。我第一次有机会跟他深入交流，就是在外文局"五七"干校。那是在1977年，我们白天一起种地，晚上一起听英文广播，聊翻译，谈对外传播。也正是他对中国社会生活的深切体验和对中国文化的深厚感情，让他在从事翻译工作时，总能以让西方读者看得懂为首要原则，真实地传达中国声音，形成了他自己独特的翻译风格。老沙的译作是留给世界的文化符号，他的翻译实践和翻译思想是留给翻译界的一座富矿。

  自2014年中国外文局沙博理研究中心中国海洋大学研究基地成立以来，基地研究团队在任东升教授的带领下，陆续产出多项成果。从围绕沙博理诸多译本展开研究的论文，到综合性研究成果《沙博理翻译艺术研究》，再到这本专题性研究著作《述志为本：沙博理英译诗词歌谣品读》，基地产出的成果在学界形成了"沙博理效应"，中国海洋大学也当之无愧地成为推介沙博理翻译思想的重镇。作为老沙生前的同事和好友，我倍感欣慰。

提起老沙的翻译，人们首先想到的必定是《水浒传》。在老沙的译作中，《水浒传》也是被研究得最广泛、最深入的一部，但《水浒传》中的诗词翻译却少有人关注。任东升教授团队从《水浒传》沙译本中的诗词着手，发掘老沙翻译的诗词歌谣译本，从古典诗词到社会讽刺诗。老沙翻译的诗词歌谣分布较为零散，除袁水拍的政治讽刺诗英译单行本《中国的酱油和对虾》(*Soy Sauce and Prawns*)之外，其余均散落在小说译作之中。这本新著将老沙翻译的诗词歌谣汇集整理，分为古典诗词和现代诗歌两大类，从诗学的角度对其加以鉴赏。在全面的译文鉴赏之上，本书最后归纳出沙博理的诗词翻译思想，突出了沙博理作为两种文化承载者的身份及其翻译思想的独特性。欣赏了老沙翻译的诗词之后，我惊叹于他灵活多变的翻译技巧、对诗词意象空间的把握、其译文展现出的整体思维和融通中外的表达方式。我想这些译文的诗意表达或许比小说翻译更能体现老沙的智慧和哲学思维，现在能有这样一本专著探究他翻译的诗词歌谣，无疑也是将更深刻的老沙呈现在读者面前，让读者看到立体、鲜活又灵动的翻译家沙博理。

在这些诗词中，最值得称赞的也许是老沙在自传《我的中国》里翻译的毛泽东诗词《满江红·和郭沫若同志》。译文用词遒劲雄健，酣畅淋漓，再现了伟人的才情和胆识。老沙的英文自传 *An American in China: Thirty Years in the People's Republic*（《一个美国人在中国：在中华人民共和国的三十年》）于1979年分别在北京和纽约出版。1997年，老沙调整自传章节结构，增加篇幅，重新取名为 *My China: The Metamorphosis of a Country and a Man*（《情系中华五十年》），在北京出版。2000年，沙博理自传再次在纽约出版，更名为 *I Chose China: The Metamorphosis of a Country and a Man*，自传的中译本《我的中国》也于2006年出版。这部自传不仅是老沙对往昔的回忆，也记录了新中国的社会变迁和国际局势的风起云涌。中文版问世至今近20年，该译本也有诸多遗憾。众所周知，翻译和出版被称作两个"令人遗憾的行当"。不管作者和译者多么呕心沥血，出版后总会觉得还有可以改进和提高的地方。我想，是该适时弥补遗憾，重译老沙自传了。可喜的是，任东升教授团队几年前已经启动自传的重译工作，这又推动沙博理研究向前迈进了一步。关于今后的沙博理研究，我觉得撰写沙博理评传很有必要。老沙的一生是传奇的、多彩的、独具特色的。他对中国对外传播事业有着深厚的情感，他在中西文化交流方面有着卓越的贡献。撰写沙博理评传可以传承老沙传播中国的智慧，鼓励后学参与到新时代国际传播事业当中。

在沙博理研究方面，任东升教授团队一直走在前列。中国海洋大学每年开设"沙博理翻译艺术研究"专题课，2019年这门课正式被纳入中国海洋大学外国语言文学一级学科博士点人才培养课程体系。我相信，这本书作为任东升教授团队多年来从事沙博理研究的最新成果，一方面可以拓展沙博理翻译研究的深度和广度，另一方面也可作为翻译课程辅助教材在更多高校得到使用和推广，促进"沙博理式"翻译人才的培养。可以期待，在"翻译中国"日益强化的今天，这部新作一定会对整个国际传播事业发挥积极的作用。

黄友义
中国翻译协会常务副会长
中国外文局原副局长兼总编辑

序 二

五一前夕，收到昔日南开硕博同窗任东升教授与其高足王芳博士新撰书稿《述志为本：沙博理英译诗词歌谣品读》（以下简称《品读》），兴趣所致，旋即展卷阅读、学习，批文入情，睹书思人，不由得想起一幕幕过往。

早在南开攻读硕士期间，东升教授便痴迷于《圣经》及其翻译研究，围绕《圣经》汉译文学化的主题发表了多篇文章。岁月流转，物换星移，保送攻读博士的东升教授在《圣经》汉译研究这条道上一路进发，筚路蓝缕、孜孜以求，最后结成硕果《圣经汉译文化研究》（2005），后纳入"中华翻译研究丛书"（"十五"国家重点图书），由湖北教育出版社出版（2007）。从《圣经》汉译的文学化、文化研究到其外来译者、中国译者研究，奠定了东升教授坚实的翻译研究基础，也开启了他今天成效卓著的国家翻译实践研究之门。他以"国家翻译实践中的'外来译家'研究"（2012）、"国家翻译实践史书写研究"（2018）为题，先后申请到两项国家社科基金项目，并以优异的成绩结项。东升教授矢志学术，视野开阔，目标清晰；一路走来，稳扎稳打，不断推进、拓展、深化，令人钦佩、感怀、深省！

东升教授学翻译、做翻译、教翻译、研究翻译，样样在行，善于理论联系实际，勇于开拓创新，乐于培养新人。他的为学与教学之路，既服务于国家发展大局，又切合个人兴趣、情怀，将个人的研究、发展与国家的现实需求成功地对接起来、协调起来,实乃人生中莫大的幸事!他力倡的"国家翻译实践",已在学界蔚然成风,研究者众,产生了重要的社会影响。他深耕多年的外来译家研究,尤其是近年聚焦红色翻译家沙博理的研究,结出了令人钦羡的果实。从他指导27人选择沙博理翻译研究相关论题顺利获得硕士学位,其中6人考取博士生,到他指导博士生开设"沙博理研究"公众号,形成独具特色的研究领域,再到他提出"三阶九级"研究生学术能力培养的"项目—课程—成果"教学模式;从他指导研究生发表沙博理翻译研究相关论文28篇,其中CSSCI论文4篇,到他与博士生王芳合著《沙博理翻译艺术研究》(2022)正式出版,再到今天师徒二人再次联袂撰就本书:一步一个台阶,步步生精彩,产教研相长,成效不可谓不显著。

从研究沙博理的翻译艺术到品鉴沙博理英译的诗词歌谣,是一个逐步聚焦、深化、细化的过程,也是一个前后联结、彼此贯通、相互统一的过程。沙博理的翻译艺术体现在其个人发挥的主观能动性之中,也体现在其英译小说、诗歌、民谣等文学体裁的艺术表现形式里。本书紧紧围绕这两大维度进行探析与评鉴,通过文本外抉幽探微与文本内条分缕析的方法,向读者抽丝剥茧地揭示了历史语境中生动鲜活的红色翻译家沙博理,文学、文化交流中贯通中西、熔传统与现代于一炉的"翻译大师"沙博理。评鉴毛泽东诗词《满江红·和郭沫若同志》的译文时,作者先从当时国内外的历史政治大语境说起,后述及该诗不同英译版本及其翻译过程,再聚焦至今尚未被研究的沙博理英译文。这种由远及近、逐步聚焦的写作方式,既体现在全书的整体框架上,也体现在各个章节的局部写作中,引领着读者一步一步走进沙博理的世界,走进本书所描绘的诗词歌谣翻译的世界。

围绕沙博理英译文的探析,作者先对原作的创作背景进行提纲挈领的介绍，对其选词造句、谋篇布局进行切中肯綮的分析，然后遵循"局部中的整体、整体中的局部"的评鉴原则，从炼字炼句、意象经营、诗形编排等方面对其英译文进行细腻透彻的解说。例如，译文"Droning, groaning, / Shrilling, moaning（嗡嗡叫，/ 几声凄厉，/ 几声抽泣。）"既译出了嗡嗡之声，嗡嗡声中含蕴的凄厉、悲苦之情，也译出了声音由徐缓、低回到快速、高亢再到徐缓、低回的流动轨迹，以及情感由低弱到高强再到低弱的动态变化过程。作者对此译文评论说："几只苍蝇在蹦跶嘛，没什么大不了，自不量力！"如此翻译可称作"不译而无不译"的艺术，三言两语，切中要害。评鉴"All vermin shall be swept away, / All, inevitably.（要扫除一切害人虫，/ 全无敌。）"时，作者将其文本整体观、讲好中国故事的认知观以及感知语言音形义情的艺术观演绎得入木三分，令人折服。书中评论说"译文同原文一样简短有力、决绝、掷地有声"，作者从译文词句的声音节奏、形式结构中感受到了毛主席的豪迈气势、摧枯拉朽的决心和力量，以典型的案例确证了传译"言外之意""弦外之音""味外之味"的可能性与可行性。

品鉴《水浒传》第九十回中宋江在马背上吟诵的诗作及其译文时（山岭崎岖水渺茫，横空雁阵两三行。忽然失却双飞伴，月冷风清也断肠。// Jagged peaks draped in mist, / Three lines of geese across the sky. / Suddenly in flight a mate is lost— / Cold moon, chill breeze, a mournful cry.），作者基于该诗源出的上下文语境，宋江作诗时的悲苦心境，原诗呈现的情景以及译者再创造的意境，将此译文评鉴为"写意式翻译"，即"强调翻译中的创造性和艺术性，注重对整体意境和诗意的传达"。所谓创造性，首先体现在译者中西思维的机巧对接上，即译者运用西方读者的思维方式重构了译文——观者视线自山岭向上延伸而至远方，并对第一句进行了改写，省译了"水"字，但减字未减意——山峰林立，耸入云天，云雾茫茫。其次体现在译者中西诗学的汇通上，即将原诗韵式 aaba 改为较为常见的英诗韵式 abcb，将原诗行七言三顿的顿歇节奏改为颇具英诗歌谣体特色的三音步四音步交替运演的外在节奏。所谓艺术性，一方面体现在译者对绘画形式语言的选择与"水墨画"式的构图上，即开篇选用锯齿状含义的词语 jagged 给人扭曲、紧张、痛苦的心理感受，定下全诗的表情基调；运用焦点透视营构的空间层次，图底（Figure-Ground）关系清晰，表情达意重点突出，显化了传统汉诗蕴涵的现代性品格——"空间对时间的胜利，并列对连续的胜利"［墨西哥诗人、评论家帕兹（O. Paz）语］。另一方面体现在最后一笔将"断肠"转换为 a mournful cry 这一"声景（soundscape）"上——余音袅袅，不绝如缕。合而观之，译文前有 jagged 一词表征痛苦的心理暗示，后有 cry 一词以声传情的回应，前呼后应无疑大大强化了原作意境氛围的再现。这种创造性地表现原文意境的艺术手法，与汉诗中"月出惊山鸟，时鸣春涧中"（王维），"万籁此俱寂，但余钟磬声"（常建）以及英诗中 "And little motion in the air / Except the mill-wheel's sound"（P. B. Shelley）以声作结的表现手法可谓同出一辙。

清华大学教授杨琪说："认识任何事物，最好的方式是比较。"这本书中比较的方法贯穿始终，而且运用得自然、妥帖、娴熟。文本比较、诗艺比较、思维比较、风格比较、文化比较、译者比较、古今比较，如此等等，不一而足。作者通过多维度、多层次的比较，全面观照和深入研析沙博理英译中国诗词歌谣的艺术特色与译学价值，赋予本书以点带面、以一当十的丰富性与以面观点、多中见一的深刻性。书中可圈可点之处颇多，难以逐一细说，写下如上零星记忆与点滴读后印象，权以为序。

张保红

广东外语外贸大学二级教授

目 录

绪 论 ·· 1
  第一节　从汉诗西传谈起 ·· 1
  第二节　谁在翻译汉诗？ ·· 9
  第三节　中国翻译家沙博理 ·· 15

上编　披文入情：古典诗词英译品读

第一章　意在象中现 ·· 23
  第一节　意象与 image ·· 23
  第二节　写意式翻译 ·· 30
  第三节　整体性呈现 ·· 42

第二章　事在诗中叙 ·· 53
  第一节　汉诗的叙事性 ·· 53
  第二节　时空的重置 ·· 56
  第三节　视角的转换 ·· 69

第三章　风格创中现 80
第一节　韵律美再现 80
第二节　语体添色彩 91
第三节　对偶再结构 96

第四章　文化鉴中传 103
第一节　品鉴月文化 103
第二节　观英雄形象 115
第三节　析忠义思想 122

中编　理定辞畅：现代诗歌英译品读

第五章　讽刺诗的叙事重构 133
第一节　政治讽刺诗的叙事特征 133
第二节　寻求叙事认同 141
第三节　传达国家立场 152

第六章　讽刺诗的形象重塑 164
第一节　讽刺诗的形象之用 164
第二节　正面形象的强化 167
第三节　负面形象的重构 174

第七章　歌谣韵味的变奏 181
第一节　歌谣翻译的难点 181

第二节　雅化以求情致 …………………………………………… 183

第三节　思维转换以求同 ………………………………………… 196

下编　述志为本：沙博理的诗歌翻译思想

第八章　"三只手"的沙博理 ………………………………………… 213

第九章　沙博理的诗歌翻译观………………………………………… 223

后　记 ………………………………………………………………… 234

绪　论

第一节　从汉诗西传谈起

"关关雎鸠，在河之洲。窈窕淑女，君子好逑。"一首描绘"君子"思慕"淑女"的情诗展开了中国古典诗词的历史画卷。《诗经》也自然成为被传颂最久、论述最多的诗歌集。"《诗》，可以兴，可以观，可以群，可以怨。迩之事父，远之事君；多识于鸟兽草木之名。"[①]孔子的这一论述概括了《诗经》的感悟、认识、教育和批判功能。流传千年的《诗经》不仅滋养着一代代中国人的精神，更在东西方文明交流中独具地位，成为最早被译介的汉诗诗集。鉴于本书聚焦"英译"，只在此概述古典汉诗的英译历史，以便读者能对汉诗西传的历程有所掌握，感受汉诗在东西方文化间的流动，了解中华诗词在域外的阅读以及由此而生的世界性意义。

汉诗英译的历史最早可追溯至16世纪，英国学者乔治·普滕汉（George Puttenham）在《英诗艺术》（*The Arte of English Poesie*，1589）中提及并翻译了两首汉诗。有趣的是，普滕汉是从一位长期旅居中国的意大利人口中听说并了解汉诗的。那位绅士告诉他，中国人对冗长的诗歌不感兴趣，常以韵脚入诗，将诗歌排列成菱形、四方形或其他形状，并将诗刻

[①] 杨伯峻 译注. 论语译注［Z］. 北京：中华书局，1980：185.

在金子、玉石等上面，再做成项链、腰带等饰品送给爱人以作纪念①。普滕汉从这位意大利绅士处获赠两首汉诗，将它们字字对译，排列成菱形，于是便有了目前已知最早的汉诗英译文本。但我们无法从普滕汉的译文推测出原文为何诗，细想一下，普滕汉不懂汉语，他从意大利人处获赠的汉诗很可能并非汉语原文。这样一来，这次最早的汉诗英译活动大概率是转译，转译中原诗的还原度有多少就无从而知了。但有一点可以确定，从普滕汉对汉诗的描述来看，彼时的汉诗对于英国人来说，无异于一种神秘的东方传说，这也代表了当时大部分西方人对东方的认识。

到了17世纪，英国继葡萄牙、西班牙等欧洲国家之后，也与中国展开了经贸往来。不同的是，那些国家在16世纪便开始派遣传教士到中国传教，如1575年抵达福建的西班牙使节拉达（Martín de Rada），死于上川岛的葡萄牙传教士沙勿略（St. Francis Xavier），以及生前在中国传教、死后被特批葬于北京的意大利传教士利玛窦（Matthaeus Ricci）。利玛窦长期生活在中国，精通中国语言和文化，撰写了很多有关中国国情和文化的著作。相比之下，英国在了解中国文化方面较为滞后，这一时期英国人只能从传教士的拉丁文、葡萄牙文、法文等著作或译作中一窥中国文化的样貌。

1761年，英国诗人珀西（Thomas Percy）编译的《好逑传》（*Hau Kiou Choaan* or *The Pleasing History*）出版，书中有三个附录：《一出中国戏剧的争论与情节》（The Argument or Story of a Chinese Play）、《中国谚语集锦》（A Collection of Chinese Proverbs）以及《汉诗片段》（Fragments of Chinese Poetry）。《汉诗片段》收录了20首汉诗，大部分为《论语》所引的《诗经》片段。对于这部最早被译介为英语的汉语小说，不少学者对

---

① Puttenham, George. The Arte of English Poesie [M]. London: Richard Field, 1589: 105.

其译者、底本和出版进行了考证。不论该书的出版过程有多少轶事，有一点可以确定，那就是译作附录中翻译的汉诗大多是从柏应理（Philippe Couplet）的拉丁文译文转译而来，并非是直接翻译。我们可以看一下珀西转译的《国风·周南·桃夭》：

原诗：
桃之夭夭，灼灼其华。
之子于归，宜其室家。①

珀西译文：
The peach-tree in the early spring: how amiable! how lovely!
Its leaves how beset with flowers! O how delightful!
Such is the new-married bride, when she passeth into the house of her husband,
Where she dealeth out their portions to his domestics,
And dischargeth every duty to him and his family.②

原诗是借桃花盛开之貌比喻女子出嫁之美好，语言精练优美又不失朴素。译文采用无韵散文体，诗行长短不一，结构松散。原诗的意象和内容基本得以传达，但几个感叹词的用法使得情感表达过于外显，加之采用古英语 passeth into、dealeth out、dischargeth，译文读起来像是伊丽莎白时代的宫廷颂歌。这大概是珀西有意而为之，意在增加译文的历史感和厚重

---

① 周振甫 译注.诗经译注 [Z].北京：中华书局，2002：9.
② Percy, Thomas (trans.). Hau Kiou Choaan or The Pleasing History, Vol. IV [Z]. London: R. & J. Dodsley, 1761: 236–237.

感。译文最后一句增加了新娘"宜其室家"的责任和义务，珀西有意加强诗歌的伦理意义，这可能与当时英国女性以家庭为重的社会地位有关。

30多年后，英国语言学家琼斯爵士（Sir William Jones）用韵体翻译了《国风·周南·桃夭》的同一诗节：

琼斯译文：

> Gay child of Spring, the garden's queen,
> Yon peach-tree charms the roving fight:
> Its fragrant leaves how richly green!
> Its blossoms how divinely bright!
>
> So softly smiles the blooming bride
> By love and conscious Virtue led
> O'er her new mansion to preside,
> And placid joys around her spread. [①]

琼斯将原诗从4个分句扩展为8行，每行8个音节，采用英雄双韵体，隔行押尾韵，是一种以诗译诗的翻译方式。从传情达意的角度来看，译文增加了许多原诗没有的意象和内涵，如 garden's queen，by love and conscious Virtue led 等，弱化了原诗"宜其室家"的伦理意义；译文将"新娘"重构为一个散播福音的女神形象，爱和快乐围绕在其周围。整体来看，琼斯的译文更注重《诗经》的形式特征，为了实现韵体译诗，只能"因形害义"了。

---

① Jones, William. The Works of Sir William Jones [M]. London: G. G. & J. Robinson and R. H. Evans, 1799: 370.

19世纪之前西方的汉诗英译活动大致如此，只是少数学者的个人情致，且多为转译。从译者对汉诗的认识和译文呈现来看，汉诗对他们而言是一个神秘的"他者"，充满了奇幻色彩。究其原因，大抵是当时中西交流甚少，西方对东方缺乏了解，猎奇心理使得东方成为想象中的存在物，为汉诗也蒙上了一层神秘面纱。

如果说19世纪之前西方的汉诗英译像散落于世界各地的珍珠，等待我们去发掘，那19世纪之后的汉诗英译就是一座已被发现的富矿。在东西方文明交流逐渐加强和商贸往来日益频繁的推动下，系统性的汉诗英译也随即出现。

在学习中国语言和文化方面，当时的来华外交官、商人和传教士具有天然的优势。英国人德庇时（John Francis Davis）就是其中一员，他于1813年开始在广州担任东印度公司工厂的文书，当时广州是中国外贸的主要城市。他在工作中表现出了对中国语言文化的天赋和热情，被选为随行人员一同前往北京。1832年从北京返回广州后，他被推选为皇家亚洲学会的会员。1829年皇家亚洲学会议事录（*Transactions of the Royal Asiatic Society of Great Britain and Ireland*）第二卷收录的德庇时《汉文诗解》（*Poeseos Sinensis Commentarii: On the Poetry of the Chinese*）一文，是他所做演讲的文字稿。该文第一部分论述了汉诗的格律和风格，第二部分专门讨论了汉诗的精神。德庇时在文中翻译了多首汉诗，除《诗经》中的《小雅·古风》和《召南·鹊巢》等名篇之外，还有创作于各朝各代的诗篇，如唐代杜甫的《春夜喜雨》、丁泽的《良田无晚岁》、明代朱厚熜的《送毛伯温》、清代曹雪芹的《红楼梦》中嘲讽贾宝玉的《西江月》，甚至近代记叙伦敦见闻的打油诗《兰墩十咏》。这也可以看出德庇时涉猎广泛，没有只局限于《诗经》篇什。我们可以看一下德庇时翻译的《春夜喜雨》：

原诗：

> 好雨知时节，当春乃发生。
> 随风潜入夜，润物细无声。
> 野径云俱黑，江船火独明。
> 晓看红湿处，花重锦官城。①

德庇时译文：

> See how the gently falling rain
> Its vernal influence sweetly showers,
> As through the calm and tepid eve
> It silently bedews the flowers:
>
> Cloudy and dark th' horizon spreads,
> Save where some boat its light is burning:
> But soon the landscape's tints shall glow
> All radiant, with the morn returning. ②

  德庇时的译文采用 abcb defe 的韵式，内容上并没有对原诗亦步亦趋。若只看译诗，尤其是后四句，恐怕很难猜到原诗是《春夜喜雨》，译文读起来是一首优美的英语诗歌。这也印证了德庇时的汉诗翻译思想，他抨击逐字翻译的译诗法，主张采取以诗译诗的方式翻译汉诗，如此才可以再现汉诗的魅力。这也从侧面反映出，19 世纪西方学者对汉语和中国文化的掌握程度远超 17、18 世纪的中国文化爱好者。

---

① 俞平伯等.唐诗鉴赏辞典：新一版 [Z]. 上海：上海辞书出版社，2013：571.
② Davis, John Francis. The Poetry of the Chinese [M]. London: Asher and Co., 1870: 45.

当时，西方汉学正处于传教士汉学时期，在德庇时担任香港总督时期，传教士理雅各（James Legge）在香港英华书院担任校长。理雅各以翻译中国典籍而闻名，1861至1872年间相继出版《中国经典》(The Chinese Classics)系列译作，包括《论语》《大学》《中庸》《孟子》《书经》《诗经》和《春秋左传》。理雅各是系统英译《诗经》第一人，他的译作 The She King or The Book of Poetry 是《诗经》第一部英文全译本。理雅各为该译本撰写了长达182页的导言，详细介绍《诗经》的历史、版本、体例等诸多信息，足见他对中国典籍的掌握程度，也展现了他作为学者型译者的风范。

另一位可与理雅各比肩的同时代汉诗翻译家就是翟理斯，他出身于文学世家，担任驻华外交官。从小的古典式教育造就了翟理斯严谨的治学风格，他编纂的《华英字典》(A Chinese-English Dictionary, 1892)是首部汉英百科全书式字典，对西方汉学产生了深远影响。对于中国文学的研究，翟理斯没有只聚焦《诗经》，而是将视野置于整个中国文学史。他在1884年自费出版了《汉文珍选》(Gems of Chinese Literature)，对周秦、汉、六朝、唐、宋和元明六个时期的代表性作家及其作品予以介绍，堪称一部小型中国文学史，但入选的多为散文，诗歌并不多。1898年翟理斯出版《中诗英韵》(Chinese Poetry in English Verse)，翻译了100多位诗人的诗歌，很多作品都是首次被翻译，足见翟理斯的文学视野之宽广。

进入20世纪后，中西经贸往来和文化交流越发频繁，西方知识分子对中国文化和思想的了解也越发深入，汉诗开始参与到其他国家文化和文学的历史进程当中。19世纪末至20世纪初的二三十年是美国文学尤其是美国传统诗歌的变革期，现代派诗歌开始形成。在美国现代派诗歌的发展过程中，形成了两条分别以艾略特（T.S. Eliot）和庞德（Ezra Pound）为代表的诗歌路线①。其中,庞德所主导的美国意象派诗歌运动直接从汉诗中吸取养分,获得变革美国诗歌的诗学能量。

庞德对中国文化和诗歌的接触始于其获得东方学家费诺罗萨(Ernest Fenollosa)汉诗学习笔记的手稿,这些手稿是费诺罗萨1896至1900年在日本随汉学家森槐南学习汉诗时做的笔记。费诺罗萨1908年去世,其妻子于1913年认识庞德后,便决定将这些手稿交由庞德处理。此后,庞德对笔记中的汉诗进行创译,1914年出版《神州集》(*Cathay*),这部半译半写的诗集为庞德迎来了盛名。其流传之广,可以说"有一个人读过庞德自己的诗,就至少有十个人浏览过他的汉诗译文"②。庞德将费诺罗萨手稿《作为诗媒的汉字》(*The Chinese Written Character as a Medium for Poetry*)整理编辑并于1912年发表。庞德的汉诗英译对美国现代诗产生的影响极其深远,许多二战后成长起来的美国本土汉学家都是在阅读庞德的译诗之后,对汉诗产生兴趣,进而走上了汉学之路。

二战后,在美国"反传统"文化潮流的推动下,对美国当时社会金钱至上、物欲横流、喧嚣混沌的失望,使得美国诗人倾向于寻求内心的安宁,东方文化尤其是中国的道家思想与日本的禅宗思想,为诗人们提供了精神救赎的文学渠道。王红公(Kenneth Rexroth)、斯奈德(Gary Snyder)等先锋诗人将目光投向古典汉诗,翻译成为他们从汉诗中获取创作灵感的重要方式。被他们译介的诗人,自然是那些诗词富有禅道意境的诗人,如王维、元稹、寒山、苏轼等。一时之间,这些远在东方的诗人成为当时追赶潮流的美国青年人的精神领袖,中国古典诗词迎来了在北美传播的第二次高潮。与此同时,二战后北美汉学进入高速发展阶段,一批从事中

---

① 张子清. 20世纪美国诗歌史[M]. 天津:南开大学出版社,2018:2.
② Groacher, Denis. Ezra Pound: Translations from the Chinese [A]. In Stock, Noel (ed.). Ezra Pound Perspectives: Essays in Honor of His Eightieth Birthday [C]. Chicago: Henry Regnery Co., 1965: 211.

国古典文学研究的汉学家也加入译介汉诗的队伍之中,如华兹生(Burton Watson)、海陶玮(James Hightower)、傅汉思(Hans Frankel)、宇文所安(Stephen Owen)等。时至今日,海外汉学家仍然是汉诗英译的主要力量。

从16世纪朦胧的转译,到当今众多译者采取不同的翻译策略译介汉诗,汉诗在英语世界的译介映射着中国文化在西方的传播之路。可以说,一部汉诗英译史就是一部中西文化交流和文明互鉴的历史。

第二节 谁在翻译汉诗?

译者是翻译的实践者,也是翻译活动中最重要的参与者。"谁在翻译汉诗?"这不是一个简单的人物罗列问题,其中还涉及复杂的译者主体性。从国别划分来看,汉诗英译的译者大致可分为外国译者和中国本土译者;按照译者身份划分,可包括学者译者和诗人译者两大类。不同身份下的译者具有不同的文化心态,产生不同的翻译实践。下面我们将详细讨论汉诗英译的译者,探寻不同主体的思想和实践,更深入地理解汉诗翻译这一实践活动的丰富性和复杂性。

汉学家是汉诗英译的主力军。海外汉学经过游记汉学和传教士汉学时期后,进入了专业汉学时期。凭借从事汉语言研究的语言优势,汉学家译者数量远超诗人译者群体。在译文前后添加解释性文字,或者学界常说的"副文本",是汉学家译诗的文本表征,他们的翻译被称为"学术型翻译"。我们可以看一下美国汉学家海陶玮翻译的《陶潜诗集》(*The Poetry of T'ao Ch'ien*, 1970),他在每首译诗后都添加大量解释性文字,阐释该诗的背景、典故、修辞等文体特征,以《时运》其一为例:

原诗：

迈迈时运，穆穆良朝。

袭我春服，薄言东郊。

山涤馀霭，宇暧微霄。

有风自南，翼彼新苗。①

海陶玮译文：

Pell-mell the seasons revolve

Still and calm is this morning.

I put on my springtime cloths

And set out for the eastern suburbs.

The hills are scoured by last night's clouds

The sky is dimmed by a film of mist.

From the south there blows a breeze

Winging over the new grain.②

　　该诗描写了值春日良朝，诗人着春服、游东郊的所见景象。整首诗模仿《诗经》四言体的格式，意境古朴淡远。再看译文，海陶玮的译文基本忠实于原文，没有添加或删减任何信息。在译文后的注释里，他首先解释了"春服"所涉的《论语》典故，然后结合陶潜所作的并序点明诗人内心的悲苦和对过去的无限怀念。随后他分析"迈迈时运，穆穆良朝"的语言结构，认为其突出了四时运转之快速与春日清晨之宁静之间的对比。他还

---

① 袁行霈. 陶渊明集笺注 [M]. 北京：中华书局，2011：6.

② Hightower, James. The Poetry of T'ao Ch'ien [M]. Oxford: Clarendon Press, 1970: 16.

解释诗中个别字词的来源和意义，例如他指出"薄言"在《诗经》中经常出现，"有风自南"与《诗经·大雅·卷阿》中的"飘风自南"几乎一致，"翼"还有"帮助"之意。海陶玮在注释中详细解释诗歌的创作背景、诗人境遇和诗中的典故，目的在于为读者提供充足的信息以理解原文。由此可见，汉学家的诗词英译是一项严肃的学术活动，他们十分注重译作的学术性。

海外汉学家里面有一群特别的学者，他们是中华儿女，却在异国他乡谱写人生，离开家园却恒久保留着故土文化的独特气息，他们被称为"离散译者"。在20世纪初，中西学术交流蓬勃展开，燕京大学和哈佛大学之间的国际合作便是当时世界主义思潮的缩影，双方互派学生和学者，以促进学术交流。这个时期，众多中国学者远渡重洋开展学术工作，其中一部分在海外求学后选择留下任教，成为华裔汉学家，如刘若愚、叶维廉、罗郁正、柳无忌等。他们长年致力于汉诗英译的实践与中国诗学的构建，不仅注重译诗的学术深度，更强调对汉诗诗学独特品质的还原。正是文化身份中的中华之根，令他们如此注重再现汉诗之美。

诗人译者常被拿来与汉学家译者进行比较，两者在翻译理念和实践上确实存在较大差异。像我们在前文中提及的庞德、王红公、斯奈德都属于诗人译者，他们可能不具备丰富的汉学背景，但擅长将汉诗转化为符合英文诗歌规律和美感的作品。他们译诗的目的在于借中国诗歌之力写出优美的英语诗歌，为自己的诗歌创作服务。我们可以看一下王红公翻译的李清照《一剪梅》一词：

原诗：

  红藕香残玉簟秋，轻解罗裳，独上兰舟。云中谁寄锦书来，雁字回时，月满西楼。

花自飘零水自流，一种相思，两处闲愁。此情无计可消除，才下眉头，却上心头。①

王红公译文：

Red lotus incense fades on

The jeweled curtain. Autumn

Comes again. Gently I open

My silk dress and float alone

On the orchid boat. Who can

Take a letter beyond the clouds?

Only the wild geese come back

And write their ideograms

On the sky under the full

Moon that floods the West Chamber.

Flowers, after their kind, flutter

And scatter. Water after

Its nature, when spilt, at last

Gathers again in one place.

Creatures of the same species

Long for each other. But we

Are far apart and I have

Grown learned in sorrow.

Nothing can make it dissolve

---

① 陈祖美. 李清照诗词文选评 [M]. 上海：上海古籍出版社，2011: 33.

绪 论

And go away. One moment,

It is on my eyebrows.

The next, it weighs on my heart.①

  王红公的译文将原诗的多处单一意象铺展成意象场景,这种铺展全凭译者的个人发挥。"玉簟秋"中的"秋"被铺展为完整句子:Autumn comes again. 无独有偶,"水自流"被扩展为三行:Water after its nature, when spilt, at last gathers again in one place. 王红公在译文中添加了他本人对于这首诗的主观想象,译诗的意象远多于原诗,是一种创造性的改写。其译诗多次采用跨行这一英诗形式,但从格律和体制来看,也不是典型的英诗形式,而是一种中西文化交融的诗学实验。

  实际上,诗歌翻译的背后都有译者不同的实践动机。早期传教士汉学家是出于传教目的而译诗,先锋诗人着眼于挑战英语诗歌的传统形式和结构,试图以汉诗的翻译来推动英诗的变革。不论译者出于何种动机,汉诗在西方的传播和接受得益于外国译者的努力。

  现在,让我们聚焦目光于中国本土。中国译者百年来也在汉诗英译的土地上耕耘着,他们不仅是翻译者,更是文化的传播者和文学的守护者。最早从事汉诗英译的中国本土译者是蔡廷干,他于1932年在美国出版《唐诗英韵》(*Chinese Poems in English Rhyme*),自此开启了中国本土学者独立从事汉诗英译的事业。整部译诗集收录39首五言诗和83首七言诗,主要是唐宋时期的作品。我们可以看一下蔡廷干翻译的朱熹《春日》一诗:

---

① Rexroth, Kenneth & Chung Ling (trans. and eds.). Li Ch'ing-Chao: Complete Poems [Z]. New York: New Directions, 1979: 27.

原诗：

胜日寻芳泗水滨，
无边光景一时新。
等闲识得东风面，
万紫千红总是春。①

蔡廷干译文：

A perfect day to garner flowers along the Sze,
Where spreads a boundless prospect altogether new!
I know but slightly how the cast wind's face doth look—
When all is red and purple, spring is surely due. ②

蔡廷干的译文忠实于原诗，诗中的意象均得以再现。形式上采取 abcb 韵式，四个诗行的音节数在 10—12 个音节内，音节数相当，读起来也具有英诗的格律特征。以目前的眼光来看，该译文虽然准确性足够，但诗歌美感与意境略有不足。与同时期洛厄尔（Amy Lowell）等外国译者改写汉诗的翻译方式相比，蔡廷干的译诗集无疑向西方读者呈现了真实的汉诗，体现了中国本土译者的文化自觉。

蔡廷干之后，初大告 1937 年在英国出版《中华隽词》(*Chinese Lyrics*)，这是第二部由中国本土译者翻译完成的诗词集。该译作聚焦"词"这一古典文学体裁，收录 56 首词作。在此之前，不论是庞德、洛厄尔等外国译者，还是蔡廷干，翻译家都倾心于唐诗，诗词集所选篇目中宋

---

① 黄坤 译注. 朱熹诗文选译 [Z]. 成都：巴蜀书社，1990：80.
② Ts'ai, T'ing-Kan (trans.). Chinese Poems in English Rhyme [Z]. Chicago: The University of Chicago Press, 1932: 41.

词占比很小。《中华隽词》的出版在一定程度上弥补了宋词翻译的空白，这也体现了中国本土学者对中国文化多样性的关注。

1949年后，许渊冲、汪榕培、杨宪益等中国本土译者踏上了诗词翻译的征途，他们筚路蓝缕，将汉诗之美呈现给海内外读者。这些诗歌翻译家当中，许渊冲译诗数量较多，在学者统计的21世纪之前古典诗词英译者的译次中，许渊冲以1124次位居第二，领先于华兹生、宇文所安等汉学家[①]。他提出的"三美论""优势竞赛论"等汉诗翻译理论具有中国美学根基，是中国本土诗歌翻译理论的代表。中国译者用笔墨搭建起中西文化交流的桥梁，在汉诗的世界化进程中，发出了中国本土的声音，为中华文明的传承增添了绚丽的一笔。

中国译者之中有一类特殊人群，机缘巧合之下他们从自己的国家来到中国，先参加中国革命，后又加入中国国籍，成为中国对外传播之路上的同行者。从文化身份的角度，他们常被称为"外来译家"。他们对历史上的中国抱有深切同情，对现代中国抱有热切期望，对中国文化怀有肺腑热情，本书的主人公沙博理（Sidney Shapiro）就属于这一类译者。沙博理为中国对外传播事业所做的贡献，使他称得上是"中国翻译家"。

第三节　中国翻译家沙博理

走进沙博理英译诗词歌谣的殿堂之前，我们应徐徐走过那展览他一生的长廊，驻足品味他人生中的多彩时刻，了解这位被称为"翻译英雄"[②]的

---

① 彭发胜. 中国古诗英译文献篇目信息统计与分析[J]. 外国语（上海外国语大学学报），2017（5）：44-56.

② Ren, Dongsheng. Hero of Translation [J]. China Pictorial, 2014(11) :42.

中国翻译家。

  沙博理于 1915 年 12 月 23 日出生于美国纽约市布鲁克林区，他的父亲是律师，母亲是一名打字员。青年时期的沙博理喜欢学校，有进取心且相当聪明，更富有冒险精神。沙博理就读于圣约翰大学的法学院，在这里，他结识了杰里·曼（Jerry Mann），一个同样不肯安静的年轻人。他们在经济萧条时期搭便车旅行，扒乘火车横穿美国，这似乎是后来沙博理横渡太平洋前的一次小小试探，也为沙博理跋涉几千里来到中国埋下了种子。

  圣约翰大学毕业后，沙博理加入其父亲的律师事务所成为一名律师，但他意识到"爸爸的梦想并不是我的梦想"①，律师这份职业带来的恐惧和贪婪让沙博理感到厌倦。"我内心深处有一种渴望困扰着我，但很不清晰，我不知道我在渴望什么。我只知道我想要的更多，我应该做得更多。但那是什么？怎样去做？在哪里做？"②这个念头深深扎根在沙博理的内心。1941 年 11 月，沙博理怀着新的希望参军入伍，并在 1942 年成为一名高射炮炮手。报名美国陆军专业训练计划时，沙博理本想学习法语，也通过了语言测试，由于法语学生超过招生需求，沙博理便被安排去康奈尔大学学习了九个月的中文。当时的沙博理并没有意识到，这个决定将成为他一生中的转折点，会对他今后的人生产生无比深远的影响。退伍后，他先后在哥伦比亚大学和耶鲁大学学习中文。出于对中文的迷恋和对东方古老神秘国度的向往，1947 年 3 月，沙博理从他的退役费里拿出 300 美元买了一张货运船票，来到中国寻求答案。这一离开，就是 25 年。

  踏上港口的那一刻，沙博理对中国的第一印象是"很有点出自中世

---

① Shapiro, Sidney. My China: The Metamorphosis of a Country and a Man [M]. Beijing: New World Press, 1997: 4.

② 同上。

纪黑暗时代的意味"①。在杨云慧的介绍下，他认识了活跃在上海文化界的凤子。凤子原名封季壬，毕业于复旦大学，是封建家庭中有教养的女孩子，她既在举人父亲的教导下阅读欣赏古典文学，同时又受到西方文化浪漫思想的影响，追求民主和自由。作为一名话剧演员，她活泼又富于感情；作为左翼杂志社的一名编辑，在虎狼横行的时代，她有莫大的勇气和胆识。凤子身上的特质对沙博理有着强烈的吸引力，更兼之他们彼此有共同的兴趣爱好，在交往中感到十分愉快。最终，沙博理决定向凤子求婚。凤子对此在回忆录中写道："这个年轻人的确吸引了我。大多数美国人给我的印象都很粗野，但沙博理不同，他英俊、智慧、慷慨大方、彬彬有礼，相处起来很令人放松。他对中国的一切都很好奇，也非常喜爱中国东西。"②1948年5月16日，沙博理和凤子在上海举行了简单的结婚仪式，后移居北平在什刹海的民房里共同度过了相伴相知、风风雨雨的几十年。凤子对于沙博理来说不仅是妻子，更是向导，是纽带，她将沙博理和中国联结在一起。沙博理曾说："我爱上了凤，也爱上了龙。了解和热爱中国龙，使我更加热爱和珍视我的中国凤。"③

1948年，沙博理支持凤子的地下革命活动；11月他们跟随地下党人士移居北平解放区，从此定居北平（一年后更名为"北京"），这一住就是60多年。新中国成立时，凤子担任《北京文艺》月刊的编辑，同时撰写电影和戏剧评论文章，而沙博理则对小说《新儿女英雄传》产生了兴趣，并开始翻译。1950年经洪深举荐，沙博理被文化部对外联络局聘用，成为一名专职翻译工作者。1952年，《新儿女英雄传》英译本在纽约自由图书俱

---

① Shapiro, Sidney. My China: The Metamorphosis of a Country and a Man [M]. Beijing: New World Press, 1997: 29.
② 同上：47–48.
③ 同上：335.

乐部（Liberty Book Club）出版，并且因为是出现在美国的第一本"红色"中国小说而享有盛名。

1953年，沙博理进入外文出版社工作，与杨宪益、戴乃迭夫妇共事，一起创办英文刊物《中国文学》（*Chinese Literature*）。一直到1962年的夏天，沙博理前前后后翻译了包括《柳堡的故事》《家》《小城春秋》《林海雪原》在内的12部小说，并在1979年完成了小说《水浒传》的翻译。通过翻译，沙博理认识了中国近代艰苦的过去和复杂的现在，他怀着满腔热情向世界介绍中国文学，也向世界介绍了新中国的新面貌。

沙博理自1947年来到中国，经历了解放战争，见证了新中国成立，目睹中国由旧社会向新社会的转变，分享了中国人民的喜悦。他亲眼见到中国如何从满目疮痍到日日升腾，并爱上了中国的文化和生活氛围，爱上了中国的"太极拳"。1963年，在周总理的批示下，沙博理成为一名中国公民，这让他对自己的工作和周围的一切有了更强烈的责任感。

身为犹太裔，沙博理还挖掘了中国历史上古代犹太人的问题，并用英语出版了《中国古代的犹太人——中国学者研究文集》（*Jews in Old China: Studies by Chinese Scholars*, 1984）一书，在世界范围内引起了轰动。正因此，沙博理在世界范围内参加演讲和讨论会，也借此机会接受报纸媒体的采访，纠正了当时媒体对中国或出于无知或出于恶意的错误报道。以色列《晚报》（*Maariv*）评价沙博理说："他说起话来像个中国外交官。"[①]

1983年退休前夕，沙博理当选全国政协委员，被分配在新闻出版委员会，他积极履行自己的职责，建言献策、针砭时弊。他先后前往乌鲁木齐、青海和深圳等地考察，做出详尽的调查报告并提出自己的建议。沙博理戏称自己成了一名"老古董"，多次写信给《中国日报》，针对中国人和

[①] Shapiro, Sidney. My China: The Metamorphosis of a Country and a Man [M]. Beijing: New World Press, 1997: 254.

外国人的爱情问题写了"致编辑书";建言加强安全预防措施、禁止剥削童工、禁止烟草的生产和销售;根据自己做律师的经验,研读了北京大学法学院周密教授的论文和北宋法医学家宋慈的《洗冤录》,审明中国古代的法律制度和法律基本原理。

半个多世纪的对外文化传播事业,也为沙博理赢得了广泛的赞誉与殊荣。

1994年,沙博理被中国作家协会授予"中美文学交流奖"。

1995年1月,中华全国文学基金会及中国作家协会中外文学交流委员会授予沙博理"彩虹翻译奖"。

2003年沙博理被推选为全国翻译专业资格(水平)考试专家委员会委员。

2009年9月,沙博理被中国外文局授予"国际传播终身荣誉奖"。

2009年11月,在"中国因你而美丽——《泊客中国》2009盛典"上,沙博理作为国际友人获奖。

2010年12月,沙博理被中国翻译协会授予"翻译文化终身成就奖"。

2011年4月,在"世界因你而美丽——影响世界华人盛典2010—2011"中,沙博理获得"影响世界华人终身成就奖"。

2014年10月,沙博理于北京的家中溘然长逝,享年98岁。

沙博理出生并成长于美国,又目睹了中国半个世纪的沧桑巨变,他见证并亲身参与了中国翻译事业和对外文化交流事业的发展。沙博理在其自传中叙述了他的人生,他动态、复杂的文化身份对其翻译行为和翻译理念产生了至关重要的影响。沙博理在美国度过了青年时代,接受的是西式教育。他来到中国后,主动接近和吸收中国文化,并通过与其妻子凤子的结合融入中国文化之中。随着对中国了解的逐步加深,他的文化立场愈加倾向于中国。对中国文化的热爱,使得沙博理在翻译中怀抱一种热忱和忠诚，他选择了中国，也选择了中国文化。

在沙博理千万字的译作中，《水浒传》沙译本铸就了其流传于世的"翻译英雄"之英名。如果将《水浒传》比作沙博理翻译世界中的一座高山，那他翻译的诗词歌谣就像围绕高山的涓涓细流，虽不如高山巍峨，但明净且绵长，让人不禁驻足俯身观赏。

沙博理翻译的诗词歌谣共140余首，可分为古典诗词和现代诗歌谣两大类。古典诗词分布较集中，42首出现在《水浒传》沙译本中，且以诗为主。现代诗歌分布较零散，除《中国的酱油和对虾——政治讽刺诗选》（*Soy Sauce and Prawns: Satiric Political Verse*，1963）的24首政治讽刺诗是以单行本发行之外，其他诗歌均在小说中出现。沙博理所译诗歌大多是小说行文的有机组成部分，这也是其未引起广泛关注的原因。通过对本书汇集的沙博理所译中国诗词歌谣加以品鉴，相信读者朋友能发现，沙博理不仅仅是当代中国小说的"翻译英雄"，也是诗词歌谣的"翻译大师"。

上编　披文入情：古典诗词英译品读

第一章　意在象中现

当汉诗穿越语言的边界,诗词中的意象也透过翻译之镜在另一种语言和文化中显现。意象关系到整首诗词意境的营造,对于译者来说,用另一种语言复现中华古典诗词中"言有尽而意无穷"的"意象",无疑是个巨大的挑战。但作为文化中间人的译者,理应承担起让英语读者品味到汉诗意象的责任,更应具有这一能力。那沙博理是如何用英文巧妙呈现原诗意象的呢?鉴赏沙博理译文之前,我们不妨先走进中西诗学,展开一场"意象"与 image 之间的对话。

第一节　意象与 image

说起诗歌,"意象"是我们会最先想到的诗歌要素和美学特质。不论是中国古典诗词,还是英美诗歌,"意象"都是定会被提及的诗学概念。那何为"意象"呢?"意象"和西方诗学中的 image 是一回事吗?要回答这两个问题,要先厘清两个概念在各自文化语境中的起源和发展。

"意象"是中国传统美学的核心概念,其源头可以追溯至《易传·系辞传》中的"立象以尽意"之说,其指出了"象"对于达"意"的重要性,"象"和"意"之间的关系也首次被明确。到了南北朝时期,文学理论家刘勰将"意"和"象"合体作为一个概念加以阐发。他的文章学论著《文心雕龙》是中国美学史上的丰碑,鲁迅曾说:"而篇章既富,评骘遂生,东则有刘彦和之《文心》,西则有亚理士多德之《诗学》,解析神质,包举洪纤,开源发流,为世楷式。"[1] 可以看出《文心雕龙》对一代代文学创作者、后世的文论和美学思想所产生的深远影响。

关于"意象",《文心雕龙》里的"神思"篇是这么说的:

> 是以陶钧文思,贵在虚静,疏瀹五脏,澡雪精神。积学以储宝,酌理以富才,研阅以穷照,驯致以绎辞。然后使玄解之宰,寻声律而定墨;独照之匠,窥意象而运斤:此盖驭文之首术,谋篇之大端。[2]

这段话讲的是文学创作的过程,即"文思"从何而来、由何而成。"窥意象而运斤"是说创作时先在心中窥得意象,而后就可握笔而"运斤"。很明显,这里的"意象"已预先存在于创作者内心之中,可谓是"意中之象",是客观世界在审美主体意识上的反映,体现了主客体的交融。刘勰此论开创了中国美学上的"意象"说,此后唐宋时期的文学家都对"意象"说做出了或多或少的发展。司空图在《二十四诗品·缜密》中论道:

> 是有真迹,如不可知。
> 意象欲出,造化已奇。
> 水流花开,清露未晞。

---

[1] 鲁迅.鲁迅全集(第8卷)[M].北京:人民文学出版社,2005:370.
[2] 刘勰.文心雕龙[M].王志彬 译注.北京:中华书局,2012:320.

> 要路愈远，幽行为迟。
> 语不欲犯，思不欲痴。
> 犹春于绿，明月雪时。①

本品意在讨论文学创作细致周密的艺术风格。当创作者心中之"意"与外在之"象"达到融合之境时，随着意象的形成，笔端造化已生，可实现巧夺天工之妙。自古至今评论家对于"意象欲出，造化已奇"的解读各不相同，但皆认同意象对于文学风格形成的重要性。

之后，"意象"说经后世各家的发展，在明清时期臻于完善，其中的集大成者为王夫之。在《姜斋诗话》中，王夫之论道：

> 情景虽有在心在物之分，而景生情，情生景，哀乐之触，荣悴之迎，互藏其宅。②

相比于前人对"意象"的阐发，王夫之的论述理论性更强，思想和表述也更为辩证。"情"是内心之物，"景"是外在之物，但两者密不可分，遇景可生情，情到时心中有景，这也正是王夫之所强调的"情景名为二，而实不可离"，也是中国传统美学对"意象"最一般的认识，即情景交融、物我两忘。

从理论发展上看，"意象"作为美学概念被定性确实经历了漫长的探索时期，而在汉诗创作实践方面，《诗经》早已包蕴了万千意象，其中名物意象最为丰富，如《周南·桃夭》中的"桃树"，《小雅·青蝇》中的"青蝇"，《卫风·竹竿》中的"竹竿"和"淇水"，此类动植物和自然意象

---

① 司空图.二十四诗品[M].陈玉兰 评注.北京：中华书局，2019：67.
② 王夫之.姜斋诗话笺注[M].戴鸿森 笺注.上海：上海古籍出版社，2012：34.

是《诗经》作为记录社会风貌之诗歌总集的特色所在,怪不得孔子在谈及《诗经》的社会功能时,也免不了要说上一句"多识于鸟兽草木之名"。

以《诗经》为代表的先秦文学中虽有意象,但并没有那么密集。细细观之便可发现,先秦文学中有大量虚词,《楚辞》就是典型代表,"之""兮""乎""于"等虚词的使用灵活多变,不胜枚举。六朝以后,诗人们开始逐渐舍弃虚词,多以名词入诗,意象也由此而凸显。如王维《山居秋暝》一诗:

空山新雨后,天气晚来秋。
明月松间照,清泉石上流。
竹喧归浣女,莲动下渔舟。
随意春芳歇,王孙自可留。①

这首脍炙人口的律诗描绘秋天雨后的山村景色,每句皆有意象,尤其是颔联和颈联,每句仅有一个动词,其余均为名词,可谓是处处有意象。通过"明月""清泉""松""石"等意象,诗人勾勒出一幅清幽静谧的景象,抒发对自然之美的赞颂,也表现出晚年隐居生活的怡然自得,是借景抒怀之作。王维作为山水诗的集大成者,对意象的运用自然炉火纯青。他诗中的意象既有形象生动的具体描写,又有含蓄隽永的抒情寄托,构成了一幅幅优美动人的山水画卷。

意象如同一块块外观纷呈、功能各异的"砖石",到了不同诗人手里,就被赋予贴合意境和心境的"心意",抒发诗人的所思所感。就拿杜甫来说,他常用意象表达对国家社稷的担忧之情。在《登高》中,他用"风急

---

① 俞平伯等.唐诗鉴赏辞典:新一版[Z].上海:上海辞书出版社,2013:175.

天高猿啸哀，渚清沙白鸟飞回"这样的意象，描绘了秋天的萧瑟景象，暗示了自己的孤寂无助和对时局的悲叹。在《春望》中，他用"国破山河在，城春草木深"的意象，表现了自己对祖国的眷恋。

　　作为汉诗核心要素的"意象"是联结客观世界与诗人情感的媒介，身为读者的我们也能透过意象体悟到诗人的情感。杜甫的《月夜忆舍弟》就用多种意象传达了思念亲人的普适情感：

> 戍鼓断人行，边秋一雁声。
> 露从今夜白，月是故乡明。
> 有弟皆分散，无家问死生。
> 寄书长不达，况乃未休兵。①

　　这首诗有两个核心意象："雁"和"月"。开篇用戍楼上报更的鼓声这一声音意象作为背景音，断断续续的鼓声营造出一种紧张的氛围，暗示边塞地区环境的严酷。随后，"雁"的意象出现：荒芜人间的边塞，秋季万物萧条，一只孤雁在天空盘旋，边塞的荒凉意境顿生。孤雁的哀鸣混入鼓声之中，又添了几分沉重与悲凉。

　　颔联用"月"表达了怀乡之情。"月"在中国传统文化中一直是寄托思乡和怀人情感的意象，如"举头望明月，低头思故乡""举杯邀明月，对影成三人""此时相望不相闻，愿逐月华流照君"等诗句，都是通过月亮寄托诗人深深的思念之情。"月"的意象一出，诗人思乡之情涌现，从而为后两联直白叙述与兄弟分离之苦创造了情感前提。通过意象的运用，诗的意境和主题得以凸显，读者可以直观感受到边塞生活的艰辛、兄弟分

---

① 杜甫.杜诗详注［Z］.仇兆鳌 注.北京：中华书局，2015：491.

离的痛苦以及诗人对家乡的深切思念。

谈及诗的境界时，朱光潜说道："情景相生而且相契合无间，情恰能称景，景也恰能传情，这便是诗的境界"①，可谓是道出了"意象"对于诗歌境界塑造的重要性。

诗歌是人类表达感情最为凝练的形式，英语中与意象对应的术语 image 是欧美意象派（Imagism）诗歌的核心概念，对 image 解读和探讨最为深入、产生影响最广的当属意象派代表人物庞德。他的那首意象叠加而成的《地铁车站》(*In a Station of the Metro*)，被视为意象派诗歌的代表作。

> The apparition of these faces in the crowd;
> Petals on a wet, black bough. ②

简短的两行诗没有一个动词，均为名词和介词的拼接，但就是这种极为简洁的语言结构建构了广阔的意象空间。标题里 station of the metro 是一个空间意象，也为诗中其他意象的存在做出了空间标记。车站中拥挤人群的面孔突然出现，如同恍然显现的幻影，faces 的意象神秘又如此清晰地呈现，像从天而降的"幽灵"。此时镜头一转，从面孔转到了湿漉漉的黑色树枝上的花瓣，黑色与有色花瓣之间形成了意象的视觉对比。从 faces 到 petals，意象由虚转实，像是电影的蒙太奇手法，两个毫不相干的意象拼接在一起，反而产生了强烈的反差和张力。

这首诗中每一个字眼都是被精心选取的，以最简练的语言勾勒出发人深思的画面，让读者在短短的几行文字中感受到丰富的意蕴和情感。这首小诗的中译版有 20 余种，阐释空间如此之大正是得益于原诗意象所建构

---

① 朱光潜.诗论[M].上海：华东师范大学出版社，2017：49.
② Pound, Ezra. Selected Poems of Ezra Pound [M]. New York: New Directions, 1957: 35.

的幽深意境。

庞德将费诺罗萨手稿《作为诗媒的汉字》整理编辑并于1912年发表，文中对汉字的见解及其所表达的诗学和美学思想为意象派运动提供了理论支持。庞德将核心概念image定义为"瞬间呈现的理性和情感的复合物（an intellectual and emotional complex in an instant of time）"[①]，这一定义具有西方学术思维的逻辑性和严谨性。"理性和情感的复合物"强调主客观的统一，意象是物象和情感一瞬间的融合。可以看出庞德对image的定义与中国传统美学对"意象"的定义有诸多共通之处。

意象是诗人认知的语言表达，而诗人的认知又是基于对现实世界的体验之上。由于人类的经验具有共通性，所以从这一角度来看，不同语言之间的意象转译便成为可能。但特定文化下产生的意象具有其文化特性，这也构成了不同文化下意象所具有的文化个性。中国古典诗词中的意象蕴含着中国文化，营构着中国特色的诗词意境。意象是人类经验共性和个性的复合体，如何将具有文化特性的意象传达给西方读者，令读者具有相近的诗歌阅读体验，考验着译者对意象的主观体验和客观传达。

作为意志体，译者首先解读原诗意象，然后在目的语中重构意象。意象翻译涉及对"象"和"意"的双重把握，在翻译的过程中，译者对"意"和"象"的不同偏重会产生不同的译文，或者去象存意，或者重象轻意，最理想的状态就是能实现意象兼备。下文我们品鉴沙博理翻译的《水浒传》中的两首诗和毛泽东词《满江红·和郭沫若同志》，走进沙博理用英文重构的意象世界。

---

① Eliot, T. S. (ed.). Literary Essays of Ezra Pound [C]. New York: New Directions, 1968: 4.

第二节　写意式翻译

中国古代的章回体小说常出现诗词,且多以"有诗为证"为标记。诗词作为小说一部分而出现时,其中的意象也与整部小说有了千丝万缕的联系。《水浒传》建构了一个江湖空间,讲的是快意恩仇,英雄好汉们义薄云天,豪情万丈。在腥风血雨中,一首首诗词为这部"忠义的悲歌"增添了些许诗意。

一、《水浒传》翻译中的"江湖"

关于沙博理所译《水浒传》中的古典诗词,有一背景需要略作说明。沙博理译本 Outlaws of the Marsh 虽为百回本,但前70回底本为金圣叹本,后30回为容与堂本。金圣叹本《水浒传》叙事较为紧密,诗词共计25首,沙博理悉数译出。而容与堂本诗词数量极多,仅后30回的诗词就多达225首,若全部译出,整部译作的行文就会前后不一致。因而,沙博理在翻译后30回时,删除大量诗词,只保留了17首。

据和沙博理共事多年的中国外文局前副局长兼总编辑黄友义说,四大名著翻译中,只有沙博理翻译的《水浒传》到出版也没有改动过一个词,"坚持沙老的翻译文字"[①]。他对于沙博理的用词十分推崇,"108将的名字,一丈青、浪里白条,中国人一看就懂,但文化差异太大,要翻好不容易。还有小词的处理,这是沙博理的强项,比如喝茶,是抿一口,还是喝了一大口,这些小词才能体现出人物的身份、性格特点"[②]。翻译时除了对字词的斟酌,沙博理对于内容的处理也有着自己的理性判断,比如"章回体小说经常在一章的开头或结尾,用几句诗高度总结浓缩这一章的内容,这是

[①] 张晓.沙博理与《水浒传》[J].国际人才交流,2016(7):15.
[②] 同上:13.

几百年来评书演变而来的。沙博理认为没必要,要删掉,当时很多人对此有争论。他说,几百年前,说书人讲得很好,适合当时的听众;但外文读者都是西方的知识分子,教育水平很好,每章再用简单的语言说一遍,大白话,没必要。于是,他就真的删掉了。要知道那个时代,这个翻译多少带了些政治色彩,是政治任务,尤其这是经典名著,敢于这样删改,真是有魄力!"①

实际上,沙博理翻译《水浒传》也是历经艰辛。因为是在"文革"期间,沙博理卷入了与"四人帮"的斗争。按照沙博理对翻译的理解,《水浒传》不能直译为 Marsh Chronicles(《水浒纪事》),书名应当吸引读者,于是翻译为 Heroes of the Marsh(《草莽英雄》)。江青听闻后说,起义军的首领宋江就是个"叛徒",因为他奉了皇帝诏令率领部下消灭了从东北进犯中原的辽鞑靼。江青的意思是,真正的英雄是不会阻拦鞑靼人的,因为这些人反的是反动封建王朝。沙博理则认为,事实上以宋江为首的起义军对皇帝忠贞不贰,声称皇帝受到奸臣蒙蔽,他们不得不同奸臣派来镇压他们的官兵打仗。他们唯一的目的就是得到皇帝的招安,皇帝最终也给予赦免。被招安之后,他们才去打威胁宋王朝的辽鞑靼。沙博理根本不想给这位"超级革命的"激进派上一堂中国历史课。于是便有了下面的对话:

"您不喜欢 heroes,改成 outlaws 怎么样?"沙博理驳问江青派来的人,"就是无法无天的人。"

"无法无天的人?盗匪那样的?"

"不错,盗匪是无法无天的。"

---

① 张晓.沙博理与《水浒传》[J].国际人才交流,2016(7):13-14.

"那么，好吧。"

就这样，问题解决了。幸好，"四人帮"的英文水平和他们对宋朝历史的了解一样差劲儿，他们不知道 outlaws 在英语惯常用法里可作褒义词，指那些挺身而出、反抗当局残酷迫害普通百姓的民间英雄。[①]

实际上，早在1959年沙博理就试译了《水浒传》第七、八、九、十回，1963年他又翻译了《水浒传》第十四回和第十六回，均刊登于《中国文学》英文版，分别采用了 *Outlaws of the Marshes* 和 *Heroes of the Marshes* 两个标题，《水浒传》全译本书名最后又回到了 *Outlaws of the Marshes*。《水浒传》英文书名的更改，反映了当时的国际政治气候和国内政治现实：1959年采用 outlaws（亡命之徒、无法无天的人）折射出当时国内的"反右倾"运动，1963年采用 heroes 则迎合了当时中国人民反帝的革命热情。沙博理翻译《水浒传》的书名，1959年、1963年采用复数的 Marshes，而"文革"期间采用单数 Marsh，也反映了沙博理对这部造反小说主题和内容把握的"提升"。

在翻译《水浒传》的过程中，沙博理得到叶君健、汤博文和凤子的帮助。此外，他还经常找人一起推敲。沙博理夫妇多年的挚友司徒慧敏之女司徒新梅回忆道："记得那时沙叔叔正全身心地投入到翻译中国古典小说《水浒传》中，在沙叔叔家我们曾多次听到沙叔叔和爸爸就翻译《水浒传》中的词语进行切磋。毫无疑问，沙叔叔翻译《水浒传》的过程中得到了很多凤阿姨的帮助，使他能够更精准地理解中国文言体的小说。但是沙叔叔还是开玩笑地说，凤阿姨的中文虽然一流，但是英文差强人意，所以他有

[①] Shapiro, Sidney. My China: The Metamorphosis of a Country and a Man [M]. Beijing: New World Press, 1997: 209.

时只好和爸爸就中译英的词语进行切磋。"①

沙博理热爱翻译工作,热情投入、辛勤付出,伏案敲字,一干就是十多年!当时正值"文革"期间,沙博理后来说是他翻译这本小说才"救了自己"。曾有一度,凤子被送到"五七干校";女儿亚美在通县造纸厂工作,家里只有沙博理一人,是这些水泊英雄们陪他走过了那些日子。可以说对沙博理而言,这个译本包含了太多。沙博理在自传中动情地说:"再也找不到一部比《水浒传》更优秀的中国小说了。我在心中认定,这将是我文学翻译生涯的天鹅绝唱。"②

二、写意式翻译

在沙博理翻译的《水浒传》42 首诗词中,意象最为丰富的当数第九十回中宋江所作的一诗一词。当时梁山好汉在破辽、剿灭田虎等一系列战斗中已有多人牺牲,宋江率军回京途中,军队行至双林渡,见空中雁群高低乱飞,听到大雁惊鸣,询问后得知是燕青初学弓箭,射落数只大雁。宋江听后,感慨大雁乃仁、义、礼、智、信五常俱备之禽,却被飞来之箭所射杀。又由大雁的忠义联想到梁山好汉,如他所言:"天上一群鸿雁,相呼而过,正如我等弟兄一般。你却射了那数只,比俺弟兄中失了几个,众人心内如何?"③实际是宋江已有忧思在先,燕青射雁之后,他有感而发,作了一首诗:

山岭崎岖水渺茫,横空雁阵两三行。

---

① 司徒新梅.纪念著名翻译家沙博理:什刹海边的美国叔叔[N].北京晚报,2015-1-10.
② Shapiro, Sidney. My China: The Metamorphosis of a Country and a Man [M]. Beijing: New World Press, 1997: 210.
③ 施耐庵,罗贯中.水浒传:汉英对照[M].沙博理 译.北京:外文出版社,1999: 2720+2722.

忽然失却双飞伴，月冷风清也断肠。

该诗首联用山水意象营造了一种壮阔之感。山岭崎岖蜿蜒，水面烟波浩渺，一幅山水画映入眼帘，意象的视觉效果借助"崎岖"和"渺茫"的修饰而凸显。可以说，此句中若无"崎岖"和"渺茫"，"山岭"和"水"的意象只是寡淡之"象"而已，因此，如何译出"崎岖"和"渺茫"便显得至关重要。在此，我们品鉴沙博理译文，并以《水浒传》登特-杨父子译本（The Marshes of Mount Liang）做比照：

沙博理译文：

  Jagged peaks draped in mist,

  Three lines of geese across the sky.

  Suddenly in flight a mate is lost—

  Cold moon, chill breeze, a mournful cry.①

登特-杨父子译文：

  Among rugged mountains a vast expanse of water;

  Geese wing their way across the heavens;

  Suddenly one of a flying pair is cancelled by an arrow;

  Cold moon in the sky, clear breeze and heartbreak.②

沙博理用jagged peaks（嶙峋的山峰）传译"山岭崎岖"，jagged 指表

---

① 施耐庵，罗贯中.水浒传：汉英对照[M].沙博理 译.北京：外文出版社，1999：2723.
② 施耐庵，罗贯中.水浒传（第5卷）[M].登特-杨（Dent-Young, J.），登特-杨（Dent-Young, A.）译.上海：上海外语教育出版社，2014：313.

面不规则、有尖锐或锯齿状边缘的事物,强调外观的不平整且边缘不规则,该译法突出了山岭视觉上的参差不齐。登特-杨父子将其译为 rugged mountains(崎岖的山脉),rugged 常用于形容地形不平坦,包括山地、峡谷等崎岖不平的地貌特征,凸显的是地形上的崎岖不平。两相比较,jagged peaks 突出了山岭的视觉特征,rugged mountains 强调山脉的地形特点,而且 peaks 一词给人以直耸云霄之感。由此一来,沙博理译文的视觉效果更为突出。

"渺茫"通常用来描述视野或感知的范围较大,但同时也具有模糊、难以捉摸的特点,常常伴随着一种视觉上的不确定和无限延伸之感。在古典诗词中,"渺茫"也常用来形容水面,如"吴国水中央,波涛白渺茫"(殷尧藩《送客游吴》),"平湖湾坞烟渺茫,树石珍怪花草香"(王安石《送程公辟守洪州》)等。沙博理没有将"水"直接译出,而是采用 draped in mist(薄雾笼罩)呈现了一幅山峰被薄雾遮住的画面,将"水渺茫"的意象用隐性的方式呈现,突出"渺茫"之意境,是一种去象存意的重构方式。登特-杨父子译文中 a vast expanse of water(万顷碧波)只译出了水面的广袤,而忽视了"渺茫"对意境渲染的重要性。

两相比较可以看出,沙博理对首联的翻译更注重意象的传达和意境的再造,其译文的视觉效果和画面感更强,登特-杨父子的译文是对景物的客观描摹,细致有余,但意境不足。如果说登特-杨父子的译文是照相机捕捉的山水照片,那沙博理的译文可以称得上是一幅写意的山水画。

山水景物描写之后,原诗将视野转至天空,描绘天上雁阵列队而飞的场景,与首联的山水共同构成一幅秋日凄凉萧瑟之景。"雁阵"是指成列而飞的雁群,大雁的意象在古诗词中常作为秋景出现,如陆游用"雨霁鸡栖早,风高雁阵斜。园丁刈霜稻,村女卖秋茶。"刻画出清晨雨过雁飞、秋高气爽时节,农人收割晚稻,女子卖茶的秋日农村生活图景。沙博理的译文 three lines of geese across the sky 简明了当地呈现出雁群横空飞行的动态效果，同时将"两三行"的虚数精确为 three lines。与首联写意的译文合并来看，水雾缭绕，山峰隐现，三行大雁飞过，可谓是实现了意象的虚实结合。登特–杨父子的译文用 wing their way 强调大雁飞行的动作，动感十足，但在描写景色的诗句中用 heaven 一词，尤其与介词 across 相连，译文具有超越尘世的隐喻意义，似有过度解读原诗之嫌。

　　大雁飞行中忽然失去同伴后，尾联进一步用"月"和"风"的意象强化了前一句的情感表达。"月"和"风"本是无情之景，"冷"和"清"便为这两个物象增添了情意，一种悲戚感袭来。沙博理和登特–杨父子都用 cold moon 翻译"月冷"。在西方文化中，十二月的满月通常被称为 cold moon，用来表示季节的更替。"风清"的意象渲染出萧索清冷的意境，沙博理译为 chill breeze。chill 一词既可形容天气寒冷，也可表示冷漠之情。登特–杨父子译为 clear breeze，呈现的是秋风的清新，给人以舒适之感，而非原诗想传达的凄寒。

　　尾联最后由景及情，用"断肠"直抒胸臆，表达宋江心中的悲怆之情。沙博理译为 a mournful cry，将"断肠"重构为大雁的哀鸣，以声替象，也与上一句中的 lost 加以呼应，突出了情感上的哀伤，在情感效度上优于登特–杨父子译本的 heartbreak。值得注意的是，沙博理还采用意象诗的创作方式，将三个意象并置，以逗号间隔，形成阅读时呼吸的短暂停顿，犹如人哭泣时话语断断续续，给读者留下审美空间去感受此情此景，译诗的感情强度有增无减。

　　从整首诗来看，沙博理精心构造的词句，犹如水墨画一般，在明与暗、实与虚之间游走，给予读者无限的想象空间，让人们在诗的意境中自由翱翔。为了直观呈现两个译文画面感上的差异，我们采用人工智能工具，输入指令，让其分别根据沙博理译文和登特–杨父子译文生成图画，如下：

图 1　根据沙译文生成的图片　　图 2　根据登特-杨父子译文生成的图片

　　人工智能生成的两张图片虽然组成要素大致相同,但格调差异较大。图 1 有崎岖的山岭和渺茫的水面,一只落单的大雁独自停留在湖面,颇有水墨画的意境。图 2 画面更为明亮,少了渺茫的意境,反而呈现出一副春日生机勃勃的景象。显而易见,依据沙译文生成的图片更符合原诗的意境。

　　只这一首小诗的翻译,就可看出沙博理的写意思维,译文张弛有度,更重要的是其注重"留白"的艺术手法,我们将这种翻译称为"写意式翻译"。写意式翻译强调翻译中的创造性和艺术性,注重对整体意境和诗意的传达。这种翻译方式对译者能动性提出了更高的要求:译者要深入理解原诗的文化背景和内涵,尤其要把握原诗意象的"象中之意",通过适当的"留白"和重塑意象,在目的语中重构意境空间,使读者能够感受到原文的美感和深意。

　　宋江吟罢"山岭崎岖水渺茫"一诗后,睹物伤情,忧思重重。当晚驻兵于双林渡口时,在帐中再次感叹燕青射雁一事,遂又作了一词:

楚天空阔，雁离群万里，恍然惊散。自顾影，欲下寒塘，正草枯沙净，水平天远。写不成书，只寄的相思一点。暮日空濠，晓烟古堑，诉不尽许多哀怨！拣尽芦花无处宿，叹何时玉关重见！嘹呖忧愁呜咽，恨江渚难留恋。请观他春昼归来，画梁双燕。

从情感上看，该词接续了前一首诗的哀伤之情。从描写大雁起，由景及情，层层递进。词中也出现诸多寄托情感的意象，我们可以看一下沙博理和登特–杨父子的译文：

沙博理译文：

  Far from the startled scattered flock

  In the vast clear firmament

  A wild goose flies.

  A lone shadow seeking a sheltering pond

  Finding naught but dry grass, sandy wastes,

  Open water, endless skies.

  No poet,

  I can only set down these few thoughts.

  Dusk in an empty ravine,

  Campfire smoke in an ancient fort,

  I'm more dejected than I can say!

  Though we've cleared the reeds

第一章　意在象中现

We've no place to spend the night.
When, oh when, will we see once more
The Yumen Gate to our homeland!

Drearily, I sob and sigh,
Longing to depart this hateful river.
Would that spring come soon again,
With swallows nesting in the beams. ①

登特−杨父子译文：

Across the clear sky the flock is broken and the geese scatter in panic; their objective was simply to go down to the wintering grounds. For the grass is withered, the sand washed clean and the water spread out flat under a distant sky. It is hard to express all that one feels, at best one shares but a little of one's thoughts. At day's end the sky is veiled, evening mist rises from the ancient moat. Impossible to describe the sadness. Now that the reeds are gathered in, there is no more shelter. Alas, when will they return to visit the beauteous region? Birds call forlornly, the melancholy riverside is not a place where one would choose to linger. We await the return of spring days and the paired swallows atwitter in the eaves. ②

---

① 施耐庵，罗贯中. 水浒传：汉英对照[M]. 沙博理 译. 北京：外文出版社，1999：2723.
② 施耐庵，罗贯中. 水浒传（第5卷）[M]. 登特−杨（Dent-Young, J.），登特−杨（Dent-Young, A.）译. 上海：上海外语教育出版社，2014：313.

39

单从行文排列上就能直观感受到两个译文间的差异：沙博理采用诗体译诗，登特-杨译文为散文体。回到对意象的讨论上来，该词开篇用"楚天空阔"的意象建构了广袤的空间感，之后笔锋一转，描写大雁离群独行。在广阔的天空中，被惊散后，孤雁已脱离雁群有万里之远。"楚天空阔"的意象衬托出离群大雁之"孤"，同时为该词定下了寂寥的基调。

沙博理的译文调整了原词的语序，先说明大雁已经远离了被惊散的雁群，交代了"孤"雁的原因，同时将 far from 置于句首，以突出空间距离之远。之后介词 in 于句首起句，译文空间感进一步增强。此外，vast 表示广袤、宽阔，clear 表示明亮、清澈，这两个形容词传译了天空的开阔和清澈。

沙博理用 firmament 对应"天"，为"楚天"意象增添了一丝神圣感。firmament 常在古英语诗歌中指代天空，如弥尔顿（John Milton）《失乐园》中"Firm land embosom'd, without firmament, / Uncertain which, in ocean or in air."。将其与 sky 比较，sky 是对天空的无修饰表达，firmament 则是一种诗意表达。相比之下，登特-杨父子采用 clear sky，没有传译出该意象最重要的空阔之感。沙博理用 in the vast clear firmament，成功地传译出"楚天空阔"这一意象在原诗所建构的意境，增强了表达的生动性。

沙译文借助介词短语 far from 和介词 in 完成诗学空间的建构之后，孤雁登场。a wild goose flies 单独成行，好似大雁离群独行。同时冠词 a 置于句首，凸显出大雁之"孤"和离群独行的动态，渺渺天地间仅一只孤雁，意境顿生。通过"天"和"雁"的意象重构，译诗所传达出的孤独和凄苦之情更甚于原诗。

下句"自顾影，欲下寒塘，正草枯沙净，水平天远"是孤雁离群后的心理和行动。离群万里，孤雁一只，形影相吊，想要去水塘寻一处栖身之地，可看到的却是枯草荒沙，水天茫茫。孤雁想要摆脱孤单，一番苦寻之后，却发现没有栖身之地，留给它的还是一片孤寂。在原词中"寒塘"这一意象是大雁想要寻求的容身之地，并非只是"塘"之象。沙博理将其转换为 sheltering pond，明确了"塘"这一意象之于大雁来说的实际作用，也与前文的 lone shadow 形成语义上的互释——因为 lone，所以要寻求 shelter。词中"草""沙""水""天"的意象则意在营造荒茫的意境，突出孤雁之"孤"。沙博理将其译为"dry grass, sandy wastes, open water, endless skies"，四个意象之间没有添加其他句子成分，而是采用意象诗的手法，直接铺展四个意象，在形式上与原诗的意象呈现方式对应。尤其是对"水平天远"的翻译，open water 和 endless skies 生动地描绘了水面的广袤和天空的无垠，有助于读者更清晰地想象诗歌中所描绘的景象，增强了视觉感受。

　　本节所鉴赏的一诗一词是学界公认的《水浒传》中艺术情调较高的诗词，一诗一词唱和，抒发了宋江内心的苦闷和哀愁。这两首诗词及对应的情节也应了智真长老送给宋江的四句偈语："当风雁影翩，东阙不团圆。只眼功劳足，双林福寿全。""雁"的意象贯穿《水浒传》后半部分，也是对梁山好汉结局的隐喻。

　　沙博理处理意象时，尤为注重其所要传达的意境，他的用词和语言结构极为写意，译文注重"留白"，可谓是抓住了汉诗中"意象"的精髓，是一种写意式翻译。对于非本土译者而言，能做到这一点是不容易的，这得益于沙博理对中国文化发自肺腑的热爱，当然也少不了《水浒传》翻译过程中凤子和叶君健等中国学者的帮助。写意式翻译展现了翻译作为一种艺术形式的独特魅力，也进一步说明译者主体性和创造性之于汉诗翻译的重要意义，这对于汉诗外译具有实践上的指导价值。

第三节　整体性呈现

沙博理翻译的毛泽东诗词《满江红·和郭沫若同志》可能是其所译诗词中最特殊的一首。这首译词出现在沙博理自传中，关于这首词，沙博理说道："毛泽东的看法是，革命的变革不仅中国正在发生，而且全世界都在发生。他在1963年写了一首词，恰当表达了对赫鲁晓夫之流自以为能阻止中国革命的小人们的轻蔑，也表现出对不可抗拒的世界革命浪潮的坚定信心"①。沙博理和凤子受邀参加过1949年开国大典，经历中国破败不堪到新中国成立，想必沙博理对毛主席有着不同的情感，对这首词也有着不同的体悟。

一、毛泽东诗词英译

毛泽东这首词是对郭沫若《满江红·1963年元旦抒怀》的和词，这一唱一和一直被传为文坛佳话，他们的诗词之交也与20世纪风起云涌的中国社会历史进程紧密联系在一起。

郭沫若对毛泽东诗词的唱和最早始于1945年毛泽东赴重庆与蒋介石和平谈判期间，毛泽东的《沁园春·雪》一词被重庆《新民报》晚刊发表，产生了很大反响。当时蒋介石为了消除该词的影响，组织了一批文人政客对其进行围攻，是郭沫若挺身而出，步毛词原韵填了两首《沁园春》词，率先对这些围攻进行了猛烈反击②。到了60年代，毛泽东也曾多次唱和郭沫若诗词。1962年岁末，郭沫若应《光明日报》副刊《东风》的约稿写了一首词，1963年1月1日这首《满江红·1963年元旦抒怀》在《东

---

① Shapiro, Sidney. My China: The Metamorphosis of a Country and a Man [M]. Beijing: New World Press, 1997: 182.
② 谭解文.论郭沫若与毛泽东的诗词之交[J].中国韵文学刊，2007（4）：57-61+113.

风》上发表了：

满江红

沧海横流，方显出英雄本色。人六亿加强团结，坚持原则。天垮下来擎得起，世披靡矣扶之直。听雄鸡一唱遍寰中，东方白。

太阳出，冰山滴。真金在，岂销铄？有雄文四卷，为民立极。桀犬吠尧堪笑止，泥牛入海无消息。迎东风，革命展红旗，乾坤赤。①

毛泽东读后，有感于郭词所传达的中国人民坚持斗争的必胜信念，遂即撰写和词，1963年1月9日写就后又经多次修改才在当年12月人民文学出版社出版的《毛主席诗词》中发表。和词如下：

满江红·和郭沫若同志

小小寰球，有几个苍蝇碰壁。嗡嗡叫，几声凄厉，几声抽泣。蚂蚁缘槐夸大国，蚍蜉撼树谈何易。正西风落叶下长安，飞鸣镝。

多少事，从来急；天地转，光阴迫。一万年太久，只争朝夕。四海翻腾云水怒，五洲震荡风雷激。要扫除一切害人虫，全无敌。②

纵观这两首词，郭词以夸大正面力量的手法表现了对领袖、对中国共

---

① 郭沫若.沫若诗词选[M].北京：人民文学出版社，1977：221-222.
② 毛泽东.毛主席诗词[M].北京：人民文学出版社，1974：46-47.

产党人的赞美，他们率领人民群众勇往直前的胆识与摧枯拉朽的破敌气势叫敌人胆寒，有如太阳喷薄而出将硕大的冰山融化，黑暗势力又如泥牛入海瞬间化为乌有，革命的红旗飘扬，好一个赤旗的世界！而毛词则以夸小反面力量的手法表现了对反面势力的蔑视，支持当时世界民族解放运动的兴奋与热切，以及争取主动、赢得胜利的坚定信心，表现出一代伟人扫除一切恶势力的豪气、霸气。

这首词的英译可是大有历史。英文版最早发表于英文期刊《中国文学》1966年第5期，由毛主席诗词英译定稿小组翻译，袁水拍任组长，成员有叶君健、乔冠华、钱锺书、赵朴初等人，英文专家索尔·艾德勒（Solomon Adler）协助译文的润色工作。毛诗英译本先在《中国文学》发表，之后推出《毛泽东诗词》单行本，即"官方译本"，于1976年"五一"由外文出版社出版发行。该译本是一个集合了多人智慧，同时又经过长时间历练的译本，一经出版就引起各方关注，成为外文出版社随后出版的法、德、日、西和世界语等译本的"蓝本"。显然，国内是将其当"定本"来看待的。

在那个新中国备受关注的年代，毛泽东的一言一行都受到国际社会的关注。1972年2月，时任美国总统尼克松首次访华，在来中国之前他就读到了英文版的《毛泽东诗词》。在招待晚宴的讲话中，尼克松说："毛主席写过：'多少事，从来急；天地转，光阴迫。一万年太久，只争朝夕。'现在是只争朝夕的时候了，是我们两国人民攀登伟大境界的高峰，缔造新的、更美好的世界的时候了。"①(Chairman Mao has written, "So many deeds cry out to be done, and always urgently. The world rolls on. Time passes. Ten thousand years are too long. Seize the day, seize the hour." This is the hour, this

---

① 〔美〕理查德·尼克松.尼克松回忆录[M].裘克安等 译.北京：商务印书馆，1979：255-256.

is the day for our two peoples to rise to the heights of greatness which can build a new and a better world.① ）尼克松引用的诗句就是来自官方译本，可见这首词的传播范围之广。

翻译诗词，应讲求尽可能与原文风格一致，以诗译诗。要译毛泽东的诗词，就要首先了解毛泽东的诗词观。他认为"又诗要用形象思维，不能如散文那样直说，所以比、兴两法是不能不用的"②。由此可见，毛泽东的诗歌创作讲究形象思维和艺术表达。除了官方译本，也有许多中外翻译家将毛泽东诗词译为英文，许渊冲是其中最引人注目的一位，他也以自己对"多少事，从来急；天地转，光阴迫"的英译津津乐道。沙博理的译文因出现在其自传中，未引起广泛关注。

二、意象整体呈现

毛泽东这首词以"小小寰球"的意象起笔，表现了作者的大眼界，豪气之中透露出霸气。上阕中"苍蝇碰壁""凄厉""抽泣""蚂蚁缘槐夸大国""蚍蜉撼树"都表现了反面势力的不自量力，"几个""几声"含有几分轻蔑、几分戏谑、几分随意，表现了一代领袖没把反面势力放在眼里的大气魄。下阕节奏明显加快，词格的形式与内容完美融合，"多少事，从来急；天地转，光阴迫""一万年太久，只争朝夕"都是催促大家抓紧时间去争取胜利，而"四海翻腾云水怒，五洲震荡风雷激"则比喻世界民族解放运动正如火如荼地开展，我们的斗争也正是时候了，要抓住这一契机。最后一句"要扫除一切害人虫，全无敌"简短有力，表现出革命领袖无可置疑的口吻和气度！下阕整体节奏紧促，展现了领袖一声令下，迅速扫除一切恶势力，势如破竹。

---

① Nixon, Richard. The Memoirs of Richard Nixon [M]. New York: Grosset & Dunlap, 1978: 566.
② 中共中央文献研究室编.毛泽东文集（第8卷）[C].北京：人民出版社，1999：421.

该词中多个意象叠加，有机结合，形成了气势恢宏的整体意境。如何将这些构成有机整体的意象悉数译出，同时又不破坏其整体意境，可以说是对译者提出的难题了。下面我们就将沙博理译文（简称"沙译"）与许渊冲译文（简称"许译"）加以比较，以更深刻地剖析沙博理对该词整体意象的呈现。

沙博理译文：

> On our small globe a few flies
>
> Bump against the wall,
>
> Droning, groaning,
>
> Shrilling, moaning.
>
> To ants a locust tree appears
>
> A land of vast enormity.
>
> Do midges really dare imagine
>
> They can shake a mighty tree?
>
> The west wind showers leaves on Chang'an
>
> And whistling arrows fly.
>
> Many things are urgent,
>
> The earth turns, days fleet by.
>
> Ten thousand years are much too long,
>
> The time is nigh.
>
> Mid boiling seas, 'neath angry skies
>
> The five continents stir tempestuously.
>
> All vermin shall be swept away,

All, inevitably. ①

许渊冲译文:

Upon this globe so small

A few flies are running against the wall.

They hum and squeak,

With pain they shriek,

With spasms they squall.

An ant on a locust would boast 'twas a big country;

A pismire could not find it easy to shake one tree.

At Chang'an the west wind is blowing off leaves dying;

Whistling arrows are flying.

Many deeds should be done

At the earliest date.

The earth turns round the sun;

For no man will time wait.

We cannot bear ten thousand years' delay.

Seize but the day!

The four seas are stirred up by angry clouds and waves;

The five continents convulsed by the storm which raves.

Sweep all vermins away,

---

① Shapiro, Sidney. My China: The Metamorphosis of a Country and a Man [M]. Beijing: New World Press, 1997: 182.

Invincible for aye!①

诗词首句"小小寰球",许译本采用 this globe,指物(地球),而非指人(我们),这样就看不出首句与尾句中"要扫除一切害人虫"的关系,而沙译本中译为 our small globe:"小小寰球"是我们的,但其上有"正义的力量"和"反动的力量"之分,"害人虫"指的是"反动的力量",这样翻译诗词的首尾贯通才得以再现,诗人的思维一致性才得以窥见。此外,our 巧妙地将空间聚焦于"人",彰显了毛泽东以我为主的作词理念,符合伟人的精神和气魄。

原词"嗡嗡叫,几声凄厉,几声抽泣"用词凝练,先用"嗡嗡"拟声苍蝇飞行,以声状形,用听觉形象描绘出几只苍蝇的喧嚣,后用两个"几声"点明苍蝇的声音是凄惨悲切的。许渊冲将其译为"They hum and squeak; / With pain they shriek, / With spasms they squall",该译文与原文几乎字字对应,"嗡嗡"(hum)、"叫"(squeak)、"几声凄厉"(pain / shriek)、"几声抽泣"(spasms / squall),但这种只能算形式的对等,其整体意象是破裂的,"嗡嗡叫"显然不是"嗡嗡+叫",这种形式的对应难免会牺牲意象的连贯。我们认为,由于这三小句作者想表达的是不在意、不在乎,如同在说:"几只苍蝇在蹦跶嘛,没什么大不了,自不量力!"。因此其翻译不宜过于细致,只要翻译出词人想表达的神韵即可。再看沙译"Droning, groaning, / Shrilling, moaning",总共用了四个单词,用字之凝练几乎无出其右,遗憾的是有两个"几声"没有翻出,再仔细读一读,这四个单词组成的句子中不就有"几声"了嘛!不禁让人拍案叫绝!这是否可以称作"不译而无不译"的艺术?

---

① 毛泽东.毛泽东诗词选(汉英对照)[Z].许渊冲 译.北京:中国对外翻译出版公司,1993:101.

"蚂蚁缘槐夸大国,蚍蜉撼树谈何易"用"蚂蚁"和"蚍蜉"两个意象描写"反动力量"的不自量力。从译文的形式布列来看,许译按照原文的文本排列形式排为两行,而一向力求简洁的沙译却出乎意料地列为四行,这里的跨行有什么特殊的用意呢?首先,跨行造成停顿,虽然短暂,但也能引起足够的遐思空间。以第一句为例,读者会预想:"What a locust tree appears to ants?"而当看到下文的 a land of vast enormity 时会与自己的预想形成一定的反差,起到一种滑稽、讽刺的效果,与原文的用意相符。而将 a land of vast enormity 单独列为一行,本身也是一种强调,有夸张的作用。其次,沙译以谓语作为诗行的结尾,与下一行之间"以一种绝不可割断之词而割断,以示其不可分割性"[1],这样一来,虽然列为四行,但并没有造成意象的断裂。再次,跨行也使得这两行的节奏与诗词整体的节奏相符。

原词由小及大,由"蚂蚁"等意象转至"长安""天地"等宏大的空间内。相比之下,沙译文更为灵活,没有亦步亦趋地追随原文的形式。首先,沙译没有按照原文分为两节,且多用短句,句长明显比许译文短。实际上,第一节最后一句"飞鸣镝"也意指时间飞逝,与下一节的联系颇为紧密。沙译这样二节合一,加上短句的使用,使得节奏更为紧促,读来干脆利落,力度感强,把"光阴迫"表现得更为明显,如同擂起了战鼓;许译文节奏相对舒缓,似在抒情、在感慨,读来难免有拖沓之感,形式与语意的融合不及沙译完美。其次,"多少事,从来急;天地转,光阴迫"原文的四句,沙译变成了两句。如上所述,沙译重在以简短有力的句式来突出时间紧迫,而许译文侧重于保持原文的形式,按照中文的习惯将每行都译为完整的句子,即使原文没有的内容也要增译出来,如 should be done。这样一来,形

---

[1] 孙立尧."行"的艺术:现代诗形式新探[J].学术月刊,2011(1):107.

式虽然保持，但却冗长，在突出时间紧迫方面逊于沙译。

"一万年太久，只争朝夕"一句展现了毛泽东对当时形势的判断：不能坐以待毙，必须抓紧时间，力求主动。通过"一万年"和"朝夕"这两个时间的对比，毛泽东传达了一个重要的思想，即历史的漫长并不意味着可以放松努力，反而强调了当前行动的紧迫性。这是一种历史唤醒的警示，让人们认识到，革命者不能等待，必须立即行动。许渊冲将"只争朝夕"译为 seize but the day，意为抓住今天，及时行乐，活在当下，这里及时行乐的意思就与毛泽东的原意有出入，放在这首激励人们去奋斗取得胜利的诗中，也难与前后文意思相融。诗词翻译忌讳随意添加原文没有甚至是故意欠缺的主语，否则会无故给译文限制视角甚至增添误导性信息。在该词的整个文本意象系统中，毛泽东一直是反面着笔，表现反面势力的弱小，以此来凸显我方正面势力的强大，而许译中出现了主语 we，这样就造成译文与原文的视角并不完全一致。沙译中 nigh 是古体词，做形容词时意为"（时间）近的，快到了"。the time is nigh 是英文中的地道说法，表示"时间紧迫，是时候了"，并没有直说要抓紧时间。此外，"seize..."的用法带有一种意味深长的劝告、号召，语气舒缓，而沙译的 the time is nigh 是直陈事实，语气不容置疑，符合毛泽东的身份、豪气和感召力，让读者自己领悟到 what should be done，而无须苦口婆心的劝告。毛泽东自己说诗"不能如散文那样直说"，沙博理这种内敛的译法刚好对应了作者的观点。中文四个字，沙译文同样四个字，简洁凝练，意思表达到位、地道！

该词中意象最为丰富、描写画面最为磅礴的一句是"四海翻腾云水怒，五洲震荡风雷激"，用海、云、水、风、雷等意象描绘了当今世界范围内民族解放运动风起云涌、如火如荼的画面。通过自然界的比喻和象征，原词强调了革命者的决心和革命事业的伟大。

其次，这两句词在形式上是典型的"对仗"：四海—五洲；翻腾—震荡；云水—风雷；怒—激。许译将"云水""风雷"译为具体的 clouds and waves、storm，并且将这两句词的语义拆开来译，仅仅符合形式上的对应，使得这两句气势磅礴、一气呵成的词译成了两组叠加而容易产生混乱的意象，即为了实现对仗效果牺牲了意象的布局整体性。沙译的两行译文是完整的一句英语"Mid boiling seas, 'neath angry skies / The five continents stir tempestuously"，浑然一体、场面感强烈。boiling seas 突出了四海翻腾的磅礴气势，angry skies 中有云水怒、有风雷激，stir tempestuously 写出了五洲震荡的场面，这样符合毛泽东的诗词观点——形象思维的整体性。我们可以再以该词的首尾两句为例，进一步分析：

在尾句的翻译中，许译本采用主动语态，沙译本采用被动语态。沙译本的被动语态强调结果，即"害人虫"终将被清扫，传达出一种必然性，并未强调执行动作的主体。许译本采用祈使句，更为注重主体动作的执行，更具紧迫性和主动性，好像是在号召读者行动起来，清除"害人虫"。从整个文本意象系统来看，这首词整体是以夸小反面势力来表现我方正面势力的强大，而非正面着笔直接描写我方势力。因此，沙译本的被动语态更符合作者对"害人虫"终将被扫除的信心。此外，沙译本"All, inevitably"译文重心与原文重心相同，都是"扫除"，并且译文同原文一样简短有力、决绝、掷地有声，这才是毛泽东豪气、霸气、决心的体现，再现了诗人毛泽东、同时又是中国人民统帅将"全无敌"脱口而出的口吻。

许渊冲自 20 世纪 60 年代就独自致力于毛泽东诗词翻译，可谓尽心尽力，并创立了自己的"三美"汉诗翻译观，在《满江红·和郭沫若同志》译文中亦有体现。沙博理作为语言专家于 1974 年和 1976 年两次参加过毛泽东诗词英译文的定稿讨论会，对中国译者主持翻译的毛泽东诗词还是了解的。我们看到沙译本并非亦步亦趋搞对仗（如"四海""五洲"两句），也非机械地遵循押韵，而是全面把握诗人首尾贯通的思绪和整体的意象呼应，不仅与作者的口吻一致，也符合英语诗歌的表达习惯和读者的阅读期待。尤其是诗词最后"要扫除一切害人虫"，承载着诗人毛泽东创作这首诗词的政治意图；"全无敌"则体现出领袖毛泽东的坚定信念和革命斗争的决心。因此，在忠实再现该词的创作意图、整体意象和诗情方面，沙博理的翻译稍胜一筹。

无论是对宋江抒怀之作中山水意象的写意式呈现，还是对毛泽东诗词中多重意象的整体性复现，沙博理通过巧妙的意象重构，建构了译诗的意象世界，使得意与情借"象"在译语世界再生。

第二章　事在诗中叙

诗词，可以缘情，也可以缘事；可以传情，也可以叙事。在中国文学的抒情传统下，文学的叙事性很容易被遮蔽。受到西方叙事学理论的影响，国内对汉诗叙事的讨论越来越多，诗词所叙之事、叙述之时空、叙事方式等都得到了多方面的研究。当汉诗中的叙事转译到英文中，哪些叙事元素会发生改变呢？本章我们聚焦叙事，品鉴沙博理所译诗词中的叙事重构。

第一节　汉诗的叙事性

中华古典诗词一直以来被视为诗人传情言志的产物，"诗言志""诗缘情""在心为志，发言为诗"都揭示了诗词的抒情本质。近代以来的学者也对中国文学抒情传统展开了大规模的辨析和讨论。朱自清在《诗言志辨》中引用大量古代诗篇和诗论阐释了"诗言志"的中国诗学传统，强调诗歌作为表现情感和思想之媒介的重要作用，指出诗人应在诗文中传达个人的志向、价值观和情感体验。该书论证缜密，对后来的文学批评产生了深远的影响。

随着二战后北美汉学的发展，中国文学的传统与性质也成为海外学者的关注点之一。华裔学者陈世骧1971年在美国亚洲研究学会比较文学讨论组中致辞《论中国抒情传统》一文，从比较文学视野出发，将代表东方文学特色的中国抒情传统与欧洲文学的史诗和戏剧传统加以比较，认为《诗经》和《楚辞》将主体性和自抒胸臆这两个抒情诗的基本要素结合起来，从此"抒情精神（lyricism）成就了中国文学的荣耀"，并提出了"中国文学传统从整体而言就是一个抒情传统"[①]的论断。这一论述正式提出并宣告了中国文学的抒情传统，在国内外学界反响极大。在陈世骧之后，华裔学者高友工也就中国文学的抒情传统展开研究，他将讨论的范围扩展至中国古典小说和戏剧等叙事文学，发掘其中的抒情要素，从而论证并扩展了陈世骧的理论。

自陈世骧提出中国文学的抒情传统以来，这一论断似乎成为学界共识，而汉诗的叙事性却常被忽略。实际上，我国古代汉诗从《诗经》中的《豳风·七月》《豳风·东山》，到汉乐府民歌《孔雀东南飞》《陌上桑》《木兰诗》，再到唐诗宋词，有其自成一体的叙事传统。中国学者董乃斌在考察了中国古代文学中的文论、历史纪传、古典诗词、汉魏隋唐乐府、唐赋、古代散文等作品中的叙事要素后，论证了中国文学也具有深厚而悠久的叙事传统，抒情和叙事两种文学传统的萌芽和形成"都和古代中国的社会形态和人的思维方式有关，实有着相同的源头和根柢"[②]，并指出抒情传统和叙事传统的并存互动是中国文学史的贯穿线[③]。

在董乃斌系统研究中国古典诗词的叙事问题之前，也有多位学者讨论过诗词的叙事性。关于诗词的叙事，吴世昌有过如下论述：

[①] 陈世骧.中国文学的抒情传统：陈世骧古典文学论集[M].张晖 编.北京：生活·读书·新知三联书店，2015：6.
[②] 董乃斌.古典诗词研究的叙事视角[J].文学评论，2010（1）：25.
[③] 董乃斌.中国文学叙事传统研究[M].北京：中华书局，2012：1.

第二章　事在诗中叙

唯有诗词之类，因为其形式既受格律（用韵平仄、字数等）的限制；其内容中又常常错综着事实与幻想，而这两者都有"追述过去""直叙现在""推想未来"三式；有时又有"空间"参杂其间，如"她那儿""我这儿"之类，因此更加复杂难辨。我们读词，最要注意：哪几句是说"过去"，哪几句指"现在"，哪几句指"未来"？哪些句是写现实情景，哪些句是写想象意境？要明白这些关键，需要留心领字领句。①

这一论述不仅指出了诗词所具有的叙事性，并且进一步谈及了诗词中的叙事空间。他以周邦彦的《瑞龙吟》一词为例，分析了该词的叙事结构。

瑞龙吟

章台路。还见褪粉梅梢，试花桃树。愔愔坊陌人家，定巢燕子，归来旧处。

黯凝伫。因念个人痴小，乍窥门户。侵晨浅约宫黄，障风映袖，盈盈笑语。

前度刘郎重到，访邻寻里，同时歌舞。惟有旧家秋娘，声价如故。吟笺赋笔，犹记燕台句。知谁伴，名园露饮，东城闲步。事与孤鸿去。探春尽是，伤离意绪。官柳低金缕。归骑晚、纤纤池塘飞雨。断肠院落，一帘风絮。②

---
① 吴世昌.吴世昌全集（第4卷）[M].石家庄：河北教育出版社，2003：31.
② 吕明涛，谷学彝 编注.宋词三百首[C].北京：中华书局，2009：121.

他认为这首词的章法类似现代短篇小说,"先叙目前情事,其次追叙或追想过去的情事,直到和现在的景物衔接起来,然后紧接目前情事,继续发展下去,以至适可而止。"① 他将章法与小说叙事结构进行类比,阐释了该词的叙事结构。所以说,中国古典诗词的叙事性是古已有之,只是对叙事的研究起步较晚而已。西方叙事学于20世纪末兴起,影响了文学、语言学等诸多人文学科,中国学者也开始借用叙事学的理论和观点分析中国古典诗词。张海鸥较早借鉴了叙事学理论来阐释词的叙事性,其在《论词的叙事性》一文中从词的文体结构着手,分析了词的调名、题名、序和正文的叙事功能,进而分析了词的叙事方式②。

之所以单列一节阐述中国古典诗词的叙事传统,只因沙博理诗词英译中的叙事重构正是以诗词的叙事性为前提和基础。下文将从叙事时空的重置和叙事视角的转换两个方面鉴赏沙博理英译古典诗词时做出的叙事重构。

第二节 时空的重置

叙事具有时间和空间双重属性,一个故事或情节在何种场景下、以怎样的时间线推进,都关系到叙事的效度。换言之,作者通过叙事在文本中建构出特定的时空,叙事时间和空间在塑造叙事的纵深和广袤上具有不可忽视的作用。

经典叙事学将叙事时间分为"故事时间"和"话语时间"。所谓"故事时间"也就是文本中叙述事件发生的实际时间,而"话语时间"是指作

---

① 吴世昌.吴世昌全集(第4卷)[M].石家庄:河北教育出版社,2003:27.
② 张海鸥.论词的叙事性[J].中国社会科学,2004(2):148-161+207.

者叙述事件所用的时间，也就是叙事文本所用的篇幅长短或者阅读所需的时间。在古典诗词中，故事时间是所叙事件发展的时间线索，诗人巧妙地安排叙事时间，为诗词建构动态的场景，让读者在文字间感受到时间的推移和故事的发展。例如白居易所作的长篇叙事诗《长恨歌》采用铺叙的方式，按照时间顺序讲述了唐玄宗和杨贵妃的爱情悲剧。

与叙事时间一样，经典叙事学也从故事空间和话语空间两个层面探讨叙事空间。"故事空间"是指叙述事件发生的地点。古典诗词中的故事空间就是指诗词中所叙事件的地点或位置，通过对空间的描绘来为叙述情节和情感提供背景。正是时空的相互交织，才能构筑一幅鲜活的诗意画卷。诗人精湛的时空布局，令时空融合，使得古典诗词不仅是文字的表达媒介，更是一次情感的历程，一幅在时间与空间双重交错中流转的艺术图景。

传译诗词之叙事时，如何转换叙事时空直接影响着译文的叙事效度。沙博理翻译的古典诗词多数出自其《水浒传》译本，作为章回体小说中的韵文，除了诗词本身的叙事内容之外，诗词也具有衔接小说情节的叙事功能。下文鉴赏沙博理如何在译文中转换原诗的叙事空间，我们还是以杰克逊译本和登特-杨父子译本作为对照。

原诗：

自幼曾攻经史，长成亦有权谋。
恰如猛虎卧荒丘，潜伏爪牙忍受。
不幸刺文双颊，那堪配在江州！
他年若得报冤仇，血染浔阳江口！

沙博理译文：

Since childhood I studied classics and history,

And grew up shrewd and intelligent.

Today, a tiger enduring in the wilderness,

I crouch with tooth and claw, intent.

A criminal's tattoo upon my cheek,

An unwilling exile in far Jiangzhou,

I shall have my revenge some day,

And dye red with blood the Xunyang's flow. ①

杰克逊译文：

In youth I studied hard the classics old,

As old I grew I fixed my mind intense,

Now like a tiger bold I hide in hole,

And lie with tooth and claw to wait my chance.

My face was branded as a criminal,

And then to Jiangzhou I was banished,

But soon the tide will turn; I'll have revenge,

And stain this spot with enemies blood galore. ②

登特-杨父子译文：

I passed a studious youth,

---

① 施耐庵, 罗贯中. 水浒传: 汉英对照 [M]. 沙博理 译. 北京: 外文出版社, 1999: 1155.
② Shi, Naian. Water Margin [M]. J. H. Jackson (trans.). Singapore: Tuttle Publishing, 2010: 472

第二章 事在诗中叙

> But later learned discretion's worth.
> Like a tiger lying in wait on the hill
> With sheathed claws I bide my time.
> At present I mourn my branded cheeks,
> My banished state, here in Jiangzhou.
> But the day of my revenge will come
> And the banks of the Yangtze swim in blood. ①

宋江因杀死阎婆惜而被刺配江州，在浔阳楼见景生情，感恨伤怀，在白粉壁上作了这首《西江月》。值得注意的是，在将该词写于白粉壁之前，宋江就想到"倘若他日身荣，再来经过，重睹一番，以记岁月，想今日之苦"②，这就为该词奠定了明志的叙事功能。该词上片自述了其身世和忍辱负重的经历：自幼好学，精通经史，成年后也具备一定的政治才能和智慧。然而当朝皇帝贤愚不辨，亲小人而远贤臣，导致朝廷腐败、政治混乱、百姓受压。上片后两句用猛虎自喻，诉说自己不得志，不得已忍辱负重等待时机。宋江自比猛虎，足以看出他的远大志向。下片的自述更为具体，讲述了被刺文双颊，发配江州的耻辱经历。后两句更是披露出想要反抗和复仇的心理，抒发了宋江内心最真实的情感，体现出他作为起义军领袖的气魄，也预示了之后宋江走上梁山泊的命运。

从叙事来看，该词跳跃式地叙述了宋江的生平，所叙之事的时间跨度大，词中有明显的时间标记和空间标记。稍加分析可以看出，该词具有"过去—现在—将来"的三维时空关系。从幼时起笔，后述当下经历，最

---

① 施耐庵，罗贯中.水浒传（第2卷）[M].登特–杨（Dent-Young, J.），登特–杨（Dent-Young, A.）译.上海：上海外语教育出版社，2014：395.
② 施耐庵，罗贯中.水浒传：汉英对照[M].沙博理 译.北京：外文出版社，1999：1154.

后展望未来得志之日,形成了宋江一生的时空联结。由于字数限制,词的叙事多为"片段叙事",会"大量借助跳跃与留白,营造出诱发读者联想的叙事空间"[①]。宋江所作《西江月》在短短五十字中,采用跳跃的方式叙述了三个时间下发生的事情。面对原诗如此大的时间跨度,在译诗中若不明确时间标记,很容易模糊时间界限,给读者造成时空混乱的印象。现将原词和三译本中的时间标记汇总于下表中:

表1 三译本时间标记

时间标记 译本	过去		现在	将来
	自幼	长成		他年
沙博理译	since childhood	grew up	today	some day
杰克逊译	in youth	as old I grew	now	
登特-杨译	passed ... youth	but later	at present	the day ... will come

沙博理采用 since childhood 翻译"自幼",since 一词强调叙事的连续性和持久性,有助于确立时间线和增强连贯性,使读者更好地理解事件之间的关系。相比之下,in youth 突出年轻阶段发生的事情,叙事时间的显化程度不如 since childhood,而且 since childhood 所具有的持久性也无形中强调了成长和经历的演变。

此外,"权谋"一词的英译也值得细说。该词既是宋江对自身才能的肯定,也借宋江之口明示其政治智慧和谋略能力。"权谋"一词出自《荀子·君道》:"上好权谋,则臣下百吏诞诈之人乘是而后欺"。"权谋"本身就是指当权者随机应变的政治和军事谋略。三译本中,沙博理译为 shrewd and intelligent,shrewd 指精于对形势做出判断,捕捉了"权谋"所传达

---

① 张海鸥.论词的叙事性[J].中国社会科学,2004(2):156.

的政治谋略。杰克逊译为 mind intense，更侧重思维的强度，而没有传达出"权谋"所具有的政治策略性。登特-杨父子译本中"权谋"被译为 discretion's worth，discretion 作为 discreet 的名词变体，强调的是谨慎和判断力，适用的语境更为广泛，同样没有传达出"权谋"所代表的政治智慧。由此观之，沙博理对"权谋"一词的英译更为精准。

叙述过往遭遇后，宋江诉说自己所处的现状，但原诗中并未出现明显的时间标记词。沙博理在译诗第三句中用 today 加上逗号的表达方式，显化了原词的隐性时间标记。此译法一方面与 childhood 形成时间上的对应，将译诗的叙事时空从过去转到当下，完成叙事时空的转换，给读者以明确的时间感，另一方面逗号造成停顿，起到"留白"的作用，译诗叙事的故事感和时空感都得到提升。其他两个译文也都显化了原词的时间标记，但登特-杨父子译本的现在时间标记 at present 出现在"不幸刺文双颊"的译文中，这会使前句"恰如猛虎卧荒丘，潜伏爪牙忍受"给读者造成是过去事件的印象，实际上这是从过去一直持续到现在的状态。

"他年若得报冤仇，血染浔阳江口"是宋江对未来复仇的渴望。"他年"是未来的时间标记，沙博理用"shall ... some day"的方式传译，some day 意为"某一天，或将来的某一天"，表示在未来的某个时间点会发生某事，通常用来表示希望、计划或预期将来会发生的事情。沙博理的译文再现了原词的时间标记，令译词时间线完整的同时，也表达出宋江对这一天到来的期待之情。相比之下，杰克逊的译文只译出了过去和现在两个时间点的时间标记，对于"他年"所领起的未来叙事，杰克逊采用了 but soon the tide will turn 这一诗意的表达，忽略了叙事时间。登特-杨父子译本"the day ... will come"在叙事时间的强度方面不及沙译，而且 the day 作主语的表达方式弱化了宋江对于复仇的渴望心理，因此，沙译 I shall have my revenge some day 在情感传译上更胜一筹。

在叙事空间方面，该词提到三个地点标记，且每个地点都有具体的事件发生。这些地点既标记地理坐标，又是叙事发展的交汇点，为读者呈现了一个鲜活而引人入胜的叙事空间。三个地点分别为"荒丘""江州"和"浔阳江口"，这三个地点所构建的不同空间环境，为叙事的推进提供了必要的情境。通过不同地点之间的切换，故事情节呈现出多样性和层次感，不仅满足了叙事发展的需要，还在叙事结构中形成了一种动态的交织关系，使读者能够更加深入地理解人物行为与情节发展之间的联系。在将该词译为英文时，也应将三个空间内发生的事件完整呈现，以建构空间感，揭示情节安排中的意图。原词和三译本的空间标记如下表所示：

表 2　三译本空间标记

空间标记 事件 译本	荒丘	江州	浔阳江口
	卧	配	血染
沙博理译	enduring in the wilderness	exile in far Jiangzhou	dye red with blood the Xunyang's flow
杰克逊译	hide in hole	Jiangzhou I was banished	stain this spot
登特-杨译	lying in wait on the hill	here in Jiangzhou	banks of the Yangtze swim in blood

"恰如猛虎卧荒丘，潜伏爪牙忍受"一句中宋江将自己比作荒凉山丘上卧伏的猛虎，"猛虎"象征着力量和威严，"荒丘"在此句中具有隐喻意义，是出现的第一个空间标记，属于意象性空间标记。有些意象在长期的文学使用中，总是与特定类型的事情相关，就"形成了固定的用法和特定的意蕴"，从而成为"原型意象"[①]，指代特定的叙事。"荒丘"在古汉语中

---

① 张海鸥.论词的叙事性[J].中国社会科学，2004（2）：159.

已成为原型意象，常常作为一个冷清、荒凉的地方出现，与主人公的孤独心境相呼应。例如柳永《双声子》中"夫差旧国，香径没、徒有荒丘"，再如刘嗣《夏弹琴》中"呜呼钟子期，零落归荒丘"。沙博理、杰克逊和登特-杨父子分别将"荒丘"译为 wilderness, hole 和 hill，只有沙译文的 wilderness 译出了"荒丘"的内涵意义。wilderness 是指未开发之地，而且具有难以生存（it is difficult to live there）的潜在意蕴，这与宋江采用"荒丘"比喻自己所处境遇的心情相匹配。

在荒丘这一空间中发生的事情是"卧"和"潜伏爪牙忍受"，"潜伏"强调自己在默默观察，积蓄力量，等待合适的时机。沙博理译文中的 intent 实为点睛之笔，intent 此处表明 crouch with tooth and claw 的姿势是充满目的性的，强调了主语 I 的意图和决心。该词的使用加强了译诗的情感色彩，传达出宋江准备采取行动的强烈意愿。此外，沙译将"卧荒丘"译为 enduring in the wilderness，是将下文的"潜伏"在此处用 enduring 译出，"卧"字则在下文中用 crouch 表达，译出了蹲伏的动作，这种调换叙事顺序的方式，突出了在荒野中持续忍耐的状态，使得读者能够感受到主语 I 正身处动态情境之中。杰克逊将"卧荒丘"译为 hide in hole，强调的是隐藏的深度，并将"卧"的动作译为 lie（躺），没有突出原诗中猛虎卧伏的动作。与沙博理译文更注重主语静待时机的状态相比，杰克逊译本侧重于对意象和画面的传达。可以说，沙译文注重叙事，杰克逊译本侧重诗意和意象。登特-杨父子译文 lying in wait on the hill 中 lying 一词弱化了"卧"的动作，hill 也未准确建构"荒丘"的叙事空间。

原词的第二个空间标记是"江州"，在该空间内发生的事件是"刺配"，同时还出现了表达宋江内心情感的"那堪"。三个译本都将地点译出，但在情感表达上略有不同。首先，在"配"的事件传达上，沙博理采用名词 exile，杰克逊和登特-杨父子采用了 banish 一词的不同形态。在英语中，两个词都有"流放"之意，但 exile 特指因为政治原因将某人强制驱逐到远离家乡或原居住地的地方，在流放中，人们往往会被迫离开亲友和熟悉的环境，可能导致孤独感和不适应。banish 是指命令某人离开某地，不一定是离开其本来所属的地方，通常是作为惩罚或限制的一种手段。简言之，exile 更强调被驱逐者的离开和流离失所的感觉，而 banish 更强调对被放逐者的制裁。由此来看，沙译本用 unwilling exile 既准确传译"刺配"这一事件，又借 unwilling 传达了宋江被刺配的感受。

原词最后一个空间标记是"浔阳江口"，其事件是"血染"。"他年若得报冤仇，血染浔阳江口"表达了宋江深深的愤怒、决心和渴望复仇的情感。这种情感使得该词具有戏剧性和震撼力，突出了宋江的坚定。沙博理采用音译法将空间标记译为 the Xunyang's flow，保留了原诗的地理信息。登特-杨父子译为 the Yangtze，虽然这一译法更易被目的语读者接受，但"浔阳江"这一地名在《水浒传》中出现多次，早已被读者所熟悉，译为 the Yangtze 不仅没有必要，还会与上下文的空间标记有所疏离。

从情感传达上，沙博理的译文直接用 I shall 起句，强调宋江的决心和愿望以及他对未来报仇行动的期待。与 I shall 的译法相比，杰克逊的译文 but soon the tide will turn; I'll have revenge 先渲染了环境，将 revenge 的情感表达置于后面，导致复仇情绪降为次要表达。登特-杨父子的译文 but the day of my revenge will come 的叙事方式侧重 the day，削弱了宋江的主体性。相比之下，I shall 增强了主体的主动性以及确定性，突出了主体的决心和意志。此外，"血染"具有暴力的画面感，沙博理采用动词 dye，杰克逊用动词 stain，两个词虽然都具有染色的含义，但在行动主体的意志方面具有差异。dye 指通过一些处理方法将颜色或染料渗透到物体表面以改变其颜色，stain 是指因物质之间的接触而在物体表面留下颜色、痕迹或污迹等。换言之，dye 是指特意地染色，而 stain 可能是有意也可能是无意。

在译词的语境下，dye 可以强调动作主体通过自己的行动染红浔阳江口，而 stain 侧重于通过战斗等方式血染浔阳江。综而观之，沙译文突出了宋江的主动性和攻击性。

从上述鉴赏和分析中可以明显看出，沙博理的译文重构了原词的叙事时间和空间，保持了原词的叙事张力。我们可以继续对《水浒传》第四回中的一首山歌加以分析：

原诗：
> 九里山前作战场，
> 牧童拾得旧刀枪。
> 顺风吹动乌江水，
> 好似虞姬别霸王。

沙博理译文：
> Before Mount Nine Li an old battlefield lies,
> There cowherds find ancient spears and knives,
> As a breeze stirs the waters of the Wu River broad,
> We recall Lady Yu's farewell to her lord. ①

赛珍珠译文：
> Three miles long is the mountain—it looks on old battlefields.
> At its foot a small cowherd an old battle axe wields.
> The kind wind ruffles the waters of the River Wu,

---

① 施耐庵，罗贯中. 水浒传：汉英对照[M]. 沙博理 译. 北京：外文出版社，1999：129.

It seems the voice of I Chi, weeping her lord the day through. ①

杰克逊译文：

    On the battlefield of Mount Jiuli

    A herdboy got a sword and spear

    From the days of long ago;

    A fair wind ruffles the waters near

    Where the River Wu sings the heroes' song

    Of Xiang Yu's wife and her farewell woe. ②

登特-杨父子译文：

    Nine Leagues Mountain,

    Site of the ancient battle,

    Where rusty swords and spears

    Are found by the grazing cattle;

    The River Wu trembles,

    Under the watching sky,

    Like the fair lady Yu,

    As she bade her lord goodbye. ③

原诗是鲁智深在五台山文殊寺中生活四五个月时，苦于寺中的清规戒

---

① Shi, Nai'an & Guanzhong Luo. All Men Are Brothers [M]. Pearl S. Buck (trans.). New York: The George Macy Companies, 1948: 43.

② Shi, Naian. Water Margin [M]. J. H. Jackson (trans.). Singapore: Tuttle Publishing, 2010: 32.

③ 施耐庵，罗贯中．水浒传（第1卷）[M]．登特–杨（Dent-Young, J.），登特–杨（Dent-Young, A.）译．上海：上海外语教育出版社，2014：115.

第二章　事在诗中叙

律,在半山亭中碰到卖酒人,卖酒人挑着担桶,口中哼唱的山歌。该诗虽为卖酒人所唱,但并未提及"酒"字。诗中的九里山是刘邦和项羽楚汉争霸的战场,第一句指出了九里山作为古战场的战略作用,从叙事来看,是对九里山过去时空发生事件的描述。第二句将时空拉至当下,腥风血雨的战场现在已成为放牧之地,牧童偶然捡到战时的刀枪剑戟。两句话将过去与现在、历史与当下的时空相联结,建构了一种历史的厚重感。第三句描写当下情景,微风吹拂,乌江水顺风而动,此处乌江也与上文中的九里山一样,指代项羽自刎乌江边的历史事件。最后一句"好似虞姬别霸王"是诗人观乌江水而叹历史,是从当下看过去。该诗将九里山这一空间中不同时间的事件联结在一起,给读者营造了广阔的诗意时空。关于该诗,金圣叹评注道:

> 不唱酒诗,妙绝。却又偏唱"战场"二字,挑逗鲁达,妙不可当。第一句风云变色,第二句冰消瓦解,闻此二言,真使酒怀如涌。第三句如何比出第四句来,不通之极,然正妙于如此。盖如此方恰好也,不然,竟是名士歌诗,如旗亭画壁一绝句故事矣。天下真正英雄,如鲁达、李逵之徒,只是不好淫欲耳。至于儿女离别之感,何得无之?故鲁达有洒泪之文,李逵有大哭之日也。第四句隐隐直吊动史进,对此茫茫,那得不饮。①

可见该诗不是卖酒人简单的哼唱,而是承担了承上启下的叙事功能,翻译时要兼顾原诗的歌谣性质和叙事效果。在叙事时间上,沙博理巧妙地在首联中加入 old 一词,明确指出 Mount Nine Li 是一个古老的战场。借

---
① 施耐庵,罗贯中.水浒传[M].金圣叹,李卓吾 点评.北京:中华书局,2011:36.

助 old 一词，他将历史的时间维度直接融入诗歌，为后续叙事铺垫了历史背景。原诗"旧刀枪"也是隐性时间标记，沙博理采用 ancient 一词，与上文 old battlefield 形成了巧妙的呼应，共同传递出历史的厚重感。赛珍珠译文首联使用了 three miles long 来描述九里山，强调了山的长度，同时使用了 old battle axe 来释译"旧刀枪"，突出刀枪的历史年代。ancient 和 old 虽然都可以用来描述时间或事物年代久远，但两者之间还是存在差异的。ancient 强调的是某物或某个时间段的遥远和历史感，通常与历史、文化和传统有关。相比之下，old 强调的是事物存在的时间较长，通常相对于新的或现代的而言。简言之，ancient 更具历史感和文化传承，而 old 则侧重于年代的久远。因而，相比 old battle axe，沙译 ancient spears and knives 能够使读者清晰地感受到这些武器的年代久远及其与过去历史事件的联系，突出它们的文化背景和历史传承。登特−杨父子将其译为 rusty，强调刀枪生锈的样态，把时间的久远表现为物体状态，弱化了原文的历史感。在几个译文中，沙译 ancient 准确传译出原诗所要强调的是时间之"古"，而非形态之"旧"。

在叙事空间上，沙博理将 before 置于句首，将表示位置关系的介词加以凸显，让读者在开始阅读时立即感受到诗歌的空间布列，将古战场的方位置于整个叙事的起点。在第三句中，"吹动"被译为 stir，该词既表示动作上令某物微动，也可以表示激发或唤起某种情感。这样一来，stir 与下文中的 recall 一词就形成了情感呼应：微风吹动的不仅是乌江水，也唤起了对霸王别姬的历史记忆。此外，沙博理添加了主语 we，实现了情感层面的呼应。这种情感共鸣通过叙事时间和叙事空间的交织表达出来，让译文更加丰富和引人深思。这种在叙事时间和叙事空间中融入情感的手法，使得沙博理的译文更富有生命力，易于引起情感共鸣。

沙博理的译文在叙事时间和叙事空间的处理上充分展示了他的文化敏

感性和叙事意识。在叙事时间和叙事空间的处理上，通过精准的词汇选择和句法构建，他成功地将原诗的情感、历史背景和叙事空间巧妙地融合在译文中，创造了一个富有情感共鸣和历史感的诗意世界。这种叙事艺术的呈现，不仅体现了他作为翻译家的才华，更使得诗歌的内涵在跨文化交流中得以充分传递和诠释。

第三节　视角的转换

如果把叙事比作电影，那么叙事时空就犹如电影的布景，为故事的开展营造氛围。故事从何人口中述说，也就是叙事视角，进一步影响着故事的呈现效果。就如同电影镜头的选择，有时透过主角的双眼，有时却转而切入其他角色的视野，甚至是旁观者的冷眼。这个"镜头"所拍摄到的画面，直接影响了读者对故事的感知方式，有时也让情感沉浸于截然不同的体验之中。

叙事学中叙事视角指"叙述时观察故事的角度"[①]。在文学作品中，叙事视角不仅是一种写作技巧，更是一种艺术元素，影响着故事的深度、情感的共鸣、角色的塑造以及信息的传递方式。它为作品赋予了独特的味道和风格，如同电影镜头的选取，巧妙地操控着读者的感官和思维。作者在创作之初往往会精心选择叙事视角，以实现他们想要传达的独特故事效果。

---

① 申丹，王丽亚.西方叙事学：经典与后经典[M].北京：北京大学出版社，2010：88.

一、叙事的内外视角

20世纪以来，叙事视角在文学领域引起了广泛的关注，出现了"视觉角度（angle of vision）""叙述焦点（focus of narration）""聚焦（focalization）"等诸多概念[1]，对视角的研究也在20世纪七八十年代达到高潮。关于叙事视角的分类，申丹和王丽亚对国外学者提出的各种模式进行了归纳和提炼，列出九种叙事视角模式，可分为"外视角"和"内视角"两大类，外视角包括：（1）全知视角；（2）选择性全知视角；（3）戏剧式或摄像式视角；（4）第一人称叙述中主人公的回顾性视角；（5）第一人称叙述中见证人的旁观视角。内视角包括：（1）固定式人物有限视角；（2）变换式人物有限视角；（3）多重式人物有限视角；（4）第一人称叙述中的体验视角。内外视角的划分基于观察者所处的位置：观察者处于所叙述的故事之外，则为外视角；观察者处于故事之内，则为内视角[2]。

内外视角的划分为文学作品的分析提供了理论工具。汉诗中的叙事诗词也存在不同的叙事视角模式。白居易的《长恨歌》就属于外视角中的全知视角，诗人作为观察者处于故事之外，以全知叙事者的身份讲述了唐玄宗和杨贵妃的爱情故事。白居易不仅客观叙述事件，也透视故事人物的内心活动，如"行宫见月伤心色，夜雨闻铃肠断声"就描写了唐玄宗在杨贵妃死后内心的悲痛。我们可以再看苏轼《卜算子·黄州定慧院寓居作》：

缺月挂疏桐，漏断人初静。谁见幽人独往来，飘渺孤鸿影。
惊起却回头，有恨无人省。拣尽寒枝不肯栖，寂寞沙洲冷。[3]

---

[1] 申丹，王丽亚.西方叙事学：经典与后经典[M].北京：北京大学出版社，2010：89.
[2] 同上：95-97.
[3] 吕明涛，谷学彝 编注.宋词三百首[C].北京：中华书局，2009：83.

第二章 事在诗中叙

该词是第三人称叙述,且叙述内容犹如影像一般客观呈现在读者面前。这就是外视角中的戏剧式或摄像式视角,处于故事外的第三人称如同摄像机一般客观记录故事中人物的一言一行。

除外视角之外,以第一人称叙事的诗词也是不胜枚举。陶渊明的诗文常采用内视角记录生活,如《乞食》一诗就记叙了他晚年因饥饿而出门乞讨的经历:

> 饥来驱我去,不知竟何之。
> 行行至斯里,叩门拙言辞。
> 主人谐余意,遗赠岂虚来。
> 谈谐终日夕,觞至辄倾杯。
> 情欣新知劝,言咏遂赋诗。
> 感子漂母惠,愧我非韩才。
> 衔戢知何谢?冥报以相贻。①

该诗采用第一人称叙述了诗人出门乞食,得到遗赠并被主人留饮的事件,是一种回顾性叙述。由于陶渊明常在诗文中以内视角叙述自己的生活,汉学家海陶玮在《陶潜诗集》(*The Poetry of T'ao Ch'ien*, 1970)英译本序言中提出一个观点,认为"陶潜是他本人的最佳传记作者。他非常在意自己的世俗地位,不断将自己的岁月写入诗中,为声望和死亡而担忧"②。这一观点与我们以往印象中的陶渊明大相径庭,在中国读者眼中,陶渊明可是"遗世独立"的隐逸诗人,怎么可能为自己的声望而担忧呢?

---

① 袁行霈. 陶渊明集笺注 [M]. 北京:中华书局,2003:103.
② Hightower, James. The Poetry of T'ao Ch'ien [M]. Oxford: Clarendon Press, 1970: 4.

然而，并不是只有海陶玮一人持上述观点。

著名汉学家宇文所安在 1986 年发表"The Self's Perfect Mirror: Poetry as Autobiography"一文，论述了中国古代文人借文章记录自我的方式，将其定义为"诗体自传"（poetic autobiography），他将陶渊明视为"第一位伟大的诗体自传作者……他解释自我的方式是基于双重人格：真实自我和外在角色"[1]。宇文所安的观点更具颠覆性，他认为陶渊明将真实自我隐藏在外在角色之下。

海陶玮和宇文所安是基于陶渊明诗文中的叙事视角做出判断，产生上述认识的，这足以看出叙事视角的重要性。与其他诗人相比，陶渊明确实更多地在诗文中记录生活，小到邻里故事，大到人生理想，有些记叙让人忍俊不禁，如《责子》一诗：

> 白发被两鬓，肌肤不复实。
> 虽有五男儿，总不好纸笔。
> 阿舒已二八，懒惰故无匹。
> 阿宣行志学，而不爱文术。
> 雍端年十三，不识六与七。
> 通子垂九龄，但觅梨与栗。
> 天运苟如此，且进杯中物。[2]

陶渊明的这首诗写得很有趣，用内视角讲述了儿子们不求上进，作为父亲，只能接受现状，以酒消愁。诗人的语言通俗幽默，虽是责备，但最

---

[1] Owen, Stephen. The Self's Perfect Mirror: Poetry as Autobiography [A]. In Owen, Stephen. & Shuen-fu, Lin (eds.). The Vitality of the Lyric Voice: Shih Poetry from the Late Han to the T'ang [C]. Princeton: Princeton University Press, 1986: 78.

[2] 袁行霈.陶渊明集笺注[M].北京：中华书局，2003：304.

后一句又饱含了对儿子的怜爱之情。

由此可见，诗词叙事视角不同，诗中之事的呈现方式和情感程度也会有所不同。叙事视角是诗人选择的"镜头"，翻译中自然也要尽可能符合原诗的叙事视角。下文我们鉴赏沙博理所译诗词如何实现叙事视角的转换。

二、叙事视角转换

上文我们已经提到《水浒传》中有很多叙事诗，具有承上启下的叙事功能。有些诗词随人物出场而出现，以不同的角度讲述人物故事，翻译时自然要考虑到视角的传译。《水浒传》第十一回中，林冲在投奔梁山泊的途中遇到大雪天，在朱贵酒店吃酒，酒后感伤自己的遭遇，趁着酒兴在白粉壁上写下了一首咏怀诗：

> 仗义是林冲，为人最朴忠。
> 江湖驰誉望，京国显英雄。
> 身世悲浮梗，功名类转蓬。
> 他年若得志，威镇泰山东！

该诗首句指出了林冲仗义和朴忠的性格，也正是这种性格成为高俅陷害他的突破点。第二、三句叙述了林冲过往作为八十万禁军枪棒教头的威风时刻，然而遭受高俅多次陷害，被刺配沧州，不得已走上梁山，就像浮梗和转蓬般漂流无定。此时笔锋一转，最后一句体现了林冲内心的不甘和雄心壮志，也为他之后作为梁山主要战将屡立战功埋下伏笔。该诗既在感情上传达了林冲的心境，又在叙事上承上启下。

从叙事视角来看，原诗虽为林冲所作，却是以第三人称视角叙述林冲的生平事迹，原因在于林冲当时正被通缉，不能明示身份，所以在下文朱贵看到题诗后询问其是否为林冲时，他的第一反应是否认，谎称自己姓张。因而，出于对上下文叙事衔接和逻辑的考量，译文也应保持第三人称的叙事视角。我们看一下沙博理、赛珍珠以及登特-杨父子是如何处理这一叙事视角的：

沙博理译文：

> Chivalrous is Lin Chong,
>
> The loyalest of men,
>
> Renowned among the gallant,
>
> He'll lead heroes of the land.
>
> By tragedy set adrift,
>
> He's suffered many setbacks,
>
> But when he has his way,
>
> Mount Tai will bow before him! [1]

赛珍珠译文：

> I am the noble Ling Ch'ung,
>
> I have been loyal life long.
>
> My name is told both near and far.
>
> A hero am I at the court.
>
> Now drift I, root upon the wave,
>
> Wild wind I, flying as I may.

---

[1] 施耐庵，罗贯中. 水浒传：汉英对照［M］. 沙博理 译. 北京：外文出版社，1999：327.

—Yet in the years to come

To fame I shall arise!①

登特–杨父子译文：

Lin Chong is he who makes this plaint.

Once honoured throughout the world he went.

All brave men then knew his name,

For in the capital he'd won great fame.

Now from the court he wanders far

And ill luck has eclipsed his star.

But fate will at last his state revise;

And higher than Mount Tai he'll rise.②

  从叙事视角来看，赛珍珠将第三人称转换为第一人称 I 的叙事视角，与小说的叙事情节不符。如果将内视角 I 作为叙事视角，相当于林冲亮明身份，可当时林冲被通缉，是需要隐藏身份的。沙博理将第一句译为"Chivalrous is Lin Chong, / The loyalest of men"，译文准确且简洁明了，符合原诗五言句的风格。相比之下，登特–杨父子并没有将"仗义"译出，省略了原诗的重要信息。

  处理第二句时，沙博理将"江湖"译为 the gallant，转换为江湖中的英勇之士。"京国显英雄"本义是在京师展现英雄本色，沙博理译为 he'll

---

① Shi, Nai'an & Guanzhong Luo. All Men Are Brothers [M]. Pearl S. Buck (trans.). New York: The George Macy Companies, 1948: 101.

② 施耐庵，罗贯中. 水浒传（第 1 卷）[M]. 登特–杨（Dent-Young, J.），登特–杨（Dent-Young, A.）译. 上海：上海外语教育出版社，2014：271.

lead heroes of the land，一方面将"京国"扩大为 the land，其次将"显英雄"的程度提升至 lead heroes，试图表达林冲不仅是众多英雄中的一位显赫者，而且还是领导这些英雄的人物。这种表达方式强调林冲的领袖风范，符合林冲八十万禁军枪棒教头的身份。

第三句有两个意象："浮梗"和"转蓬"。林冲感叹自己的人生悲苦，像桃梗一样漂浮不定，功绩和名位也像随风飘转的蓬草一样不见踪影。"浮梗"最早出自《战国策·齐策三》："有土偶人与桃梗相与语。……土偶曰：'……今子，东国之桃梗也，刻削子以为人，降雨下，淄水至，流子而去，则子漂漂者将何如耳！'"①之后文人便以"浮梗"比喻漂流不定的人生状态，例如徐夤的诗《别》："酒尽歌终问后期，泛萍浮梗不胜悲"。"转蓬"最早出自《后汉书》："上古圣人，见转蓬始知为轮"②，之后该词也是用于形容身世飘零。换言之，"浮梗"和"转蓬"在古诗文中已经脱离了其本身的实体意义，而具有了固定的象征意义。三个译本都没有拘泥于两个意象的本义，而是聚焦其象征意义。沙博理采用的 set adrift 最符合"浮梗"的语义。adrift 本义指船只漂浮于水面，也可以引申用于形容人漂泊无依。set adrift 是英文习语，指使人茫然无依，与"浮梗"一词在功能上对等。沙博理将"功名类转蓬"译为 he's suffered many setbacks，将原诗的写意转换为写实，言明林冲遭受了许多挫折，并且在结构上，与上文的 he'll lead heroes of the land 构成对照，林冲先后的处境对比一目了然。

原诗最后一句表达了林冲强烈的复仇愿望。沙译文采用了英文习语 has one's way，该短语指按照自己的喜好或决定去做某事、实现自己的愿望等。原文"得志"在语义上强调实现志向和抱负的结果，has one's way 在语义上偏于强调手段和过程，由此一来，沙译文突出了 he 的主动性和

---

① 战国策[Z]. 缪文远，缪伟，罗永莲 译注. 北京：中华书局，2012：288.
② 后汉书[Z]. 许嘉璐 主编. 上海：汉语大词典出版社，2004：437.

能动性，也因此有了下句 Mount Tai will bow before him，将叙事视角从林冲转换为泰山，就连五岳之首泰山也要对他俯首称臣。原诗"威震泰山东"中的"泰山东"指梁山泊所在的地区，本句指出林冲想要在梁山泊成就一番事业的志向。沙译文将通过叙事视角的转换，加之 bow 的运用，建构出震撼的场面，译文所呈现的叙事空间和情感效度均强于原诗。与登特–杨父子译文 and higher than Mount Tai he'll rise 相比，沙译中 bow before him 所呈现画面的震撼程度更高。

此类叙事视角的转换在沙博理的译文中并非个例，我们再看下面这首出自宋江的绝句：

> 心在山东身在吴，
> 飘蓬江海谩嗟吁。
> 他时若遂凌云志，
> 敢笑黄巢不丈夫！

宋江在白粉壁上写下《西江月》，内心苦闷得以抒发后，不觉欢喜，遂又写下这四句诗。在最后两句中，宋江毫不遮掩地表达了自己的野心，不仅要"遂凌云志"，还要嘲笑唐代农民起义领袖黄巢的行为非大丈夫所为，怪不得金圣叹评论该诗道："其言咄咄，使人欲惊"[①]。我们以赛珍珠译文和登特–杨父子译文为对照，品鉴沙博理译文：

沙博理译文：

Heart in Shandong, body in Wu,

---

① 施耐庵. 水浒传（注评本）[M]. 金圣叹 评. 上海：上海古籍出版社，2015：547.

Drifting, I breathe sighs into the air.

If I achieve my lofty aim,

No rebel chief will with me compare. ①

赛珍珠译文：

Heart in Shantung, flesh in Wu,

Sad I pass the waters through.

Later if I reach great heights,

Ancient braves shall be but wights. ②

登特–杨父子译文：

My heart's in the north, my body in the south,

By this river I wander, wallowing in sighs.

My ambition's lofty as the clouds; if it succeeds,

I can scorn the most famous outlaws' deeds. ③

原诗最后两句中，宋江采用第一人称表达壮志豪情。"敢笑"这一动作实际上传达的是其主观情感，具有明显的主观性。沙博理将其译为 no rebel chief will with me compare，叙事视角从"我嘲笑"的主动视角转换为"没有起义首领可以与我相提并论"的对比视角。叙事视角的转换弱化了宋江"敢笑"的主观情感，以对比视角强化了宋江的能力，译文的说服力

---

① 施耐庵，罗贯中. 水浒传：汉英对照 [M]. 沙博理 译. 北京：外文出版社，1999：1155.
② Shi, Nai'an & Guanzhong Luo. All Men Are Brothers [M]. Pearl S. Buck (trans.). New York: The George Macy Companies, 1948: 364.
③ 施耐庵，罗贯中. 水浒传（第2卷）[M]. 登特–杨（Dent-Young, J.），登特–杨（Dent-Young, A.）译. 上海：上海外语教育出版社，2014：395.

增强。

我们再看赛珍珠的译文,她将最后一句译为 ancient braves shall be but wights,并未显化"敢笑"的行为主体,即宋江,也就是作为叙事主体的"我",在叙事效度上有所减弱。登特-杨父子将"敢笑"译为 scorn,但 scorn 一词多含"鄙视"之义,若用该词,译文更像是一个好高骛远的轻狂之士所作,少了几分侠肝义胆。

叙事视角决定了信息的传递路径、读者的阅读视角以及读者与叙事世界的亲近程度。沙博理译诗时对原诗叙事视角的有意保留和巧妙转换都旨在增强叙事的可信度,将读者带入叙事时空之中。

叙事涉及叙事时间、空间、视角等诸多因素,既然"事在诗中",翻译时必定要对这些要素加以考量。沙博理作为外来译家,其最底层的逻辑思维是西方的,他具有语言思维的逻辑性和严谨性,能够在细微处发现差异并调和差异。加之沙博理在多位中国学者的帮助下对《水浒传》有深入的见解,从而能够灵活地实现叙事转换,将诗中之事传译给西方读者。

第三章 风格创中现

风格是作者独特审美体验的表达，构成了作品最具代表性的特征。这也是为何我们诵读李白诗时，感受到豪放飘逸，品读陶渊明诗文时，则是清新淳美之感。诗词的风格是诗人借助句法结构、修辞手法、音律等多种方式塑造出的独特艺术表现形式。理解和保留原诗的风格，对于传递诗歌的真实韵味和文学价值至关重要。风格传译是译诗之难，因而在翻译时需要进行风格再造。要全面理解沙博理的汉诗翻译艺术，须准确、深入地鉴赏其韵律、语体等风格要素，从而感悟文学跨越时空的魅力。

第一节 韵律美再现

韵是古典诗词的基本要素之一，刘勰在谈到声律时说道："是以声画妍蚩，寄在吟咏；滋味流于字句，气力穷于和韵"[①]。王力先生在《诗词格律》一书中最先讨论的基本概念就是"韵"。从《诗经》开始，汉诗几乎都押韵，不仅押韵，还有韵书方便文人依韵作诗。三国时期李登编写的《声类》是中国古代最早的韵书。到了唐代，朝廷专门颁布韵书，被称为

---

① 刘勰.文心雕龙[M].王志彬 译注.北京：中华书局，2012：385.

"官韵",成为当时诗词押韵的标准,足见"韵"对于诗歌创作的重要性。

在古代中国,诗词不仅是纸上的静态文字,更是一种活生生的文化表达。其押韵之法,不单纯为文字之韵律,更是为了营造音响上的和谐美感。一首诗在合辙押韵之间,便自然流露出韵律与节奏,易于朗诵和记忆。在诗人的巧手下,"韵"的运用变成了一种精妙的艺术,传达着诗人的情感与思想。每一声韵,都如同绘画中的一笔,赋予诗词以不凡的个性和生命力。李清照《声声慢》开篇连用七组叠词,"寻寻觅觅,冷冷清清,凄凄惨惨戚戚",极富音乐美,好似一个悲凉愁苦之人在诉说内心的忧伤,如泣如诉。

"韵"的诗学特质和艺术效果也是翻译中的难点,"诗不可译"的论断在一定程度上就包括韵律的不可译。早期西方汉学家倾向于采用"以诗译诗"的方式,即用格律体翻译汉诗,最具代表性的要数翟理斯(Herbert Giles)用维多利亚时期的格律诗体翻译汉诗。以《登幽州台歌》为例:

原诗:

前不见古人,
后不见来者。
念天地之悠悠,
独怆然而涕下![1]

翟理斯译文:

My eyes saw not the men of old;
And now their age away has rolled

---

[1] 俞平伯等.唐诗鉴赏辞典:新一版[Z].上海:上海辞书出版社,2013:54-55.

I weep—to think that I shall not see

The heroes of posterity! [①]

  翟理斯的译文大致采取扬抑格四音步的格律，双行押韵 aabb 式，是典型的维多利亚时期英语诗歌的格律形式，迎合了当时英语诗歌的主流。这种译法也遭到诸多批评。王佐良认为翟理斯的译文是"硬将唐诗套入浪漫派末流的四行体形式的，韵脚的安排主要是 abab，加上用词上追求传统的'诗意'，读起来就像是三四流的维多利亚时期英国诗"[②]。当然，不仅翟理斯一人采用该译法，汉学家克莱默 – 宾（Launcelot Alfred Cranmer-Byng）受翟理斯的影响，同样以英国维多利亚时期的诗歌风格翻译中国古典诗词，极为注重韵律。

  在这之后，韦利（Arthur Waley）变革了西方汉诗英译的规范，他摒弃格律体，采取自由体译诗，不注重押韵，更关注诗词的内在节奏。此后，自由体译诗成为西方译介汉诗的翻译规范。当然，在汉诗英译中，没有哪种译诗方式是一统天下的，直到目前，仍有译者为复现汉诗音韵而努力。

  但有一点值得一提，其实翻译家所采取的译诗策略，在一定程度上体现着其本人的诗学观念。许渊冲认为汉诗在于"音美、意美、形美"，他译诗十分注重韵律的再现。所以说，许渊冲的"以诗译诗"是出于自身对于汉诗音形意美的重视，是他本人诗学观的体现。同样，华裔汉学家刘若愚曾被指责译诗过于注重韵律。但刘若愚之所以追求韵律，是他认为西方汉学家普遍忽视汉诗的声音效果，一味追求对意象的复现。为了改变这一情况，他尝试用韵体译诗。我们可以看一下他翻译的《邶风·静女》：

[①] Giles, Herbert. Chinese Poetry in English Verse [M]. London: Bernard Quaritch, 1898: 43.
[②] 王佐良. 英语文体学论文集[M]. 北京：外语教学与研究出版社，1980：27.

原诗：

静女其姝，
俟我于城隅。
爱而不见，
搔首踟蹰。

静女其娈，
贻我彤管。
彤管有炜，
说怿女美。

自牧归荑，
洵美且异。
匪女之为美，
美人之贻。①

刘若愚译文：

How pretty is the gentle maiden!
At the tower of the city wall she should be waiting.
I love her but I cannot see her;
I scratch my head while anxiously pacing.

---

① 周振甫 译注.诗经译注 [Z].北京：中华书局，2002：60.

The gentle maiden: how lovely is she!
This red pipe she gave to me.
O red pipe, with lustre bright,
Your beauty gives me great delight.

From the pasture she sent me her plight—
A tender shoot, beautiful and rare.
Yet it's not your beauty that gives me delight,
But she who sent you, so true and fair! ①

原诗韵式为 aaoa、bbcc、cdcd，格律体译文与原诗的韵式保持一致，实现了听觉效果的对等。刘若愚自己也承认汉诗的音响效果在译作中通常是难以充分呈现的，但如果没有"明知不可为而为之"的努力，汉诗的音乐美就湮没在"汉字表意神话"之下，被学者和读者所忽视。也因此，刘若愚在《中国诗学》(The Art of Chinese Poetry, 1962) 中不仅详细地为读者介绍律诗的格律规则、词和散曲的格律变化，还解释了双声、叠韵、叠字等音感技巧。

沙博理虽然不是汉学家，也不是专于汉诗研究的翻译家，但他深谙译诗之道，也明了音韵节奏对于诗歌的重要性。在他翻译的 33 首《水浒传》格律诗中，有 31 首采用了尾韵的押韵方式，且韵式丰富。其中 abcb 韵式 21 首，aabb 式 4 首，abcc 式 4 首，abab 式 2 首。偶行押韵的 abcb 式是英语民谣最常见的形式，而且英语民谣由于即兴演唱，随意性很强，这与《水浒传》中大部分格律诗出自人物之口的即兴特点相吻合。移植英诗韵

---

① Liu, James. The Art of Chinese Poetry [M]. Chicago: The University of Chicago Press, 1962: 23.

式，使译诗与原诗的文体相仿，展示原诗的文学性，令英语读者获得与原诗读者相似的审美感受。民谣诗体通常一、三行为抑扬格四音步（iambic tetrameter），二、四行为抑扬格三音步（iambic trimeter）。沙博理在翻译时没有完全移植民谣诗体，只采用民谣体的押韵韵式，并未采用其音步形式，这种灵活的移植方式可以避免因形损义。

我们且看一例，并以登特-杨父子译文做比照：

原诗：
>一声低了一声高，
>嘹亮声音透碧霄。
>空有许多雄气力，
>无人提处谩徒劳。

沙博理译文：
>Now a low sound, now a high,
>Clackety—clack into the sky,
>Though heroic strength pervades the air,
>If not used, it's wasted there.[①]

登特-杨父子译文：
>A low note and a high note,
>Loud enough and clear enough to reach heaven;
>But on its own a heroic spirit isn't much use;

---

① 施耐庵，罗贯中.水浒传：汉英对照[M].沙博理 译.北京：外文出版社，1999：2743.

Without a helping hand it won't produce! [①]

原诗是容与堂本第九十回中宋江所作七言绝句。宿太尉在披香殿上奏，建议派宋江为先锋征讨方腊。宋江和卢俊义领受圣旨回营途中，见到一位手提胡敲的男子，由胡敲想到宿太尉的提携之恩，便作了此诗。

该诗语言简洁，节奏明快，朗朗上口。在韵律方面，"高""霄"和"劳"押 ao 韵，但整首诗没有明显的平仄规律。前两句是对胡敲声响的描写，也是整首诗音韵效果最强的地方。"一声低了一声高"既描写出胡敲声音的高低起伏，诗句本身也极富节奏感。两个"一声"将声音的高低变化巧妙地转化为文字的节奏感，朗诵时能感受到类似声音升降的效果。其中"了"字起到调整节奏的作用，为整体平稳的节奏增添了动感。第二句"嘹亮"一词的平仄搭配，在发音时会形成一种明显的起伏感，先上扬后下降，加之其发音效果给人以声音洪亮、传播远的感觉，与其形容声音清晰而远传的意义相匹配，具有可感可观的音乐性。此外，"嘹亮"之后紧接"透碧霄"，进一步强调了声音的穿透感。原诗前两句看似用词简单，没有过多修饰，但其传达的声音效果却不同凡响。

如此巧思的音乐效果如何在英语中再现呢？我们看沙博理的译文。首句"now a low sound, now a high"用逗号代替了原诗"了"所承担的调整节奏的作用，两个 now 的重复使用也与原诗"一声"的重复对应。译文具有流动性，展现了声音的高低变化，几乎再现了原诗的律动。now 和 low 提供了沉稳的节奏，而 sound 和 high 在发音上有上扬感，模拟了原文中音调的起伏。下一句中 clackety-clack 具有拟声效果，不仅在音效上模仿了胡敲的声音，而且押头韵，在一定程度上复现了"嘹亮"的节奏，

[①] 施耐庵，罗贯中. 水浒传（第 5 卷）[M]. 登特–杨（Dent-Young, J.），登特–杨（Dent-Young, A.）译. 上海：上海外语教育出版社，2014：327.

在视觉和听觉上都增强了读者的感官体验。之后接 into the sky，营造出 clackety-clack 在空中回荡的效果，在传达出声音传播距离之远的同时，也暗合了原诗中"透碧霄"的意象。此外，这里还要指出，high 和 sky 押［aɪ］的尾韵，近似原诗中的 ao 韵。虽然英语和汉语的音韵系统存在差异，但通过选择发音相近的单词，译文可以在保持原诗韵律的同时，传达出意象美。与之相比，登特–杨父子用 loud enough and clear enough 翻译"嘹亮声音"则显得笨重，译文只是对这四个字的白描，声音效果并不明显。沙译文在音韵上捕捉了原诗的精髓，将中文的节奏与韵脚转化为英文的音韵结构，实在是巧妙。

与格律诗相比，词的音韵结构更为灵活，平仄和节奏的变化也更为多样。词最初就是配乐而歌，音乐性和节奏感更为突出。词常用来表达深刻的个人情感，如爱情、思乡、孤独等，其表现手法往往更为细腻和感性。词在西方的译介晚于古诗，由于音乐性突出，词的内容往往遭到误解。韦利在《中国诗歌一百七十首》(*A Hundred and Seventy Chinese Poems*, 1918) 中为宋词定下了不适于翻译的基调："一般来说，词的内容完全是流于俗套。被翻译的词很少，很显然词是不适合翻译的，因为其优点全都在于对韵律的灵活运用。"[①] 韦利的这一论述突出了词在声韵上的优点，但也否定了词在内容创作上的文学价值。作为当时汉诗翻译的先驱，韦利对宋词的定性对后世汉学家产生了很大的影响。

后来在汉学家海陶玮和华裔学者叶嘉莹的共同推动下，宋词才逐渐在汉学界得到关注。海陶玮否定韦利对宋词的价值判断，并重估宋词的文学价值，他指出"词的优点在于利用符合惯例的词汇来产生极其丰富且复杂

---

① Waley, Arthur. A Hundred and Seventy Chinese Poems [M]. London: Constable and Company Ltd., 1918: 31.

的弦外之音，而不是普遍认为的对韵律的灵活运用"①。他也直言，宋词翻译上的难点是所有诗歌翻译的根本问题，只不过因为宋词的口头性质，翻译困难会增加而已，这推翻了韦利认为宋词不适于翻译的论断。海陶玮对词的认识有可能是受到王国维的影响。在《人间词话》中，王国维认为"词之为体，要眇宜修，能言诗之所不能言，而不能尽言诗之所能言。"②

就像海陶玮所言，词的口头性质，加之声韵的婉转悠扬，确实增加了翻译的困难。但面对如此困难，译者就只能仓皇而逃或得过且过吗？我们可以看一下沙博理翻译的《水浒传》中《减字木兰花》一词：

听哀告，听哀告，贱躯流落谁知道，谁知道！极天罔地，罪恶难分颠倒！有人提出火坑中，肝胆常存忠孝，常存忠孝！有朝须把大恩人报。

宋江遭到高俅等奸佞的阻碍，招安迟迟没有推进。燕青主动请缨，前往京都，希望能促成招安一事。经李师师协助，见到宋徽宗，燕青先唱一首《渔家傲》。宋徽宗欢喜，命其再唱，燕青便唱出了这首《减字木兰花》。其实从词谱来看，燕青所作并非严格意义上的《减字木兰花》词牌。《减字木兰花》始于韦庄的《木兰花令》，定格于欧阳修《减字木兰花·歌檀敛袂》，调式为双调四十四字。燕青所作的这首曲子，共五十一字，在平仄韵上也未采取《减字木兰花》的词牌韵式，不知施耐庵为何将该曲定为《减字木兰花》。

---

① Hightower, James. Review of Poems of Lee Hou-Chu; Die Lieder des Li Yü 937–978, Herrschers der Südlichen T'ang-Dynastie; Frühlingsblüten und Herbstmond [J]. Harvard Journal of Asiatic Studies, 1952 (1/2): 204–213.

② 王国维. 人间词话[M]. 上海：上海古籍出版社，1998：19.

这首词在节奏上最明显的特点就是三处反复手法的运用。开篇"听哀告"的反复为整首词定下了诉衷肠的基调。"谁知道"的反复既表达无奈之感，又像是一种自问。"常存忠孝"的反复强化了忠心于朝廷，想要招安的家国情怀。整首词的节奏感强烈，通过长短不一的句子和停顿，创造出流畅而又变化多端的音乐效果。因而，进行汉英转换时，这三处反复需要译出。我们看一下沙博理的译文和登特-杨父子的译文是如何处理的：

沙博理译文：

  Hear my plea, hear my plea,

  Who knows how I've wandered,

  Who knows!

  In Heaven and on Earth

  The innocent oft' are wronged,

  In the Fiery Pit, 'tis said,

  Are hearts that are loyal and true,

  Loyal and true!

  Surely the day will come

  When great benevolence

  Will be by men repaid! [1]

登特-杨父子译文：

  Hear my plea! Hear my plea!

  I've wandered who knows where

---

[1] 施耐庵，罗贯中.水浒传：汉英对照[M].沙博理 译.北京：外文出版社，1999：2459.

> Far from the haunts of men.
> Many there are in the world
> Who suffer cruel wrong;
> Many languish in the fiery pit
> Yet house a loyal heart.
> A loyal heart, a loyal heart,
> The day for giving thanks will come,
> And a merciful lord shall be repaid! [1]

沙博理和登特-杨父子均采用 hear my plea 对译"听哀告",然而,沙博理在下一句中将 Who knows 置于句首,并重复 who knows,使其单独成行,在情感上加强了对"谁知道"的强调。在音韵效果上,单独成行的 who knows 带来一种绵延之感,令节奏悠远深长,符合该词的情感基调。与之相比,登特-杨父子的译本没有复现"谁知道"的重复手法,而是聚焦于解释"流落"一词,译文精细,颇有工笔画之感,但少了几分情感。原词中燕青的语义重点在"谁知道",是想表达不被人识的苦楚,而不是要强调流落之地。沙博理的译文在语义上点到为止,恰到好处,又凸显了音乐性。

原词中"极天罔地,罪恶难分颠倒!"在节奏上明显加快,增加了紧迫感,也使该词有了情感和节奏上的起伏,这种快节奏在"常存忠孝"的重复中减缓,最后一句"有朝须把大恩人报"慷慨激昂,以情结句。沙译这几句的音节数在 6—8 之间,为了实现音节数的大致相当,采用了 oft' 和 'tis 的形式。两次用 in 起句,无形中将两诗行的节奏拉近。沙博理连用

---

[1] 施耐庵, 罗贯中. 水浒传(第 4 卷)[M]. 登特-杨(Dent-Young, J.), 登特-杨(Dent-Young, A.)译. 上海: 上海外语教育出版社, 2014: 385.

两个 loyal and true，第二遍 loyal and true 单独成行，调整了节奏，令译文读起来有了高低起伏之感。整首译词节奏明显，自由流动。登特-杨父子也采用自由体，通过音节长度的变化和重复来增强表达效果。沙译文通过短句和重复，营造出紧迫和起伏的节奏感。整体来看，登特-杨父子译文的节奏变化不如沙译。

无论是朗朗上口的民谣，还是抑扬顿挫的词牌，沙博理在译文中巧妙地复现了原诗词的音韵结构。这种巧妙且灵活的处理方式表明沙博理的翻译超越了简单的语码转换，可以说是两种文化之间的对话和协商。

第二节　语体添色彩

民谣，作为古老而生动的口头文学形式，赋予汉诗独特的人文色彩与生活气息。民谣往往使用平易近人、口头化的表达方式，贴近百姓生活，直抵人心。这种质朴直接的语言特色使得文学作品不再是高不可及的艺术品，而是与百姓生活息息相关的共同体验。再辅之以朗朗上口的旋律，民谣更易于传诵和记忆。此外，民谣往往通过刻画生动的人物形象，展现出社会百态和风土人情。可以说，民谣既具有诗歌的艺术性，又蕴含着丰富的人文情感和生活体验，这也是《诗经》传诵至今的原因之一。

《水浒传》中有一部分诗词是出自英雄豪杰之口的民谣，通俗易懂，带有浓郁的口语特征和地方文化色彩，充分展示了人物性格。将这些民谣译成英文时，译者需要特别注意保留原作中人物的语言特色和语体色彩，确保英文版同样能够传达出原文的韵味和深层意义。下面我们品鉴第三十七回中张横出场时唱的湖州歌：

原诗：

老爷生长在江边，不怕官司不怕天。

昨夜华光来趁我，临行夺下一金砖！

宋江刺配江州时，在揭阳因打赏薛永得罪了穆弘兄弟，被追至浔阳江边。慌不择路之下，他误上了张横的黑船。宋江刚觉逃过一劫，张横摇着橹，唱了这首湖州歌。这首歌将张横的悍匪形象刻画得淋漓尽致，乃至宋江"听了这首歌，都酥软了"，想必也是万分惊慌。原诗口语化特征明显，具有鲜明的民间色彩。在《封神演义》第三十四回中，哪吒也唱过一首类似的歌：

吾当生长不记年，只怕尊师不怕天。

昨日老君从此过，也须送我一金砖。①

看来，生性顽劣的英雄人物都是一副天不怕地不怕的样子。翻译这首民谣时，译者自然也要保留原诗的语体色彩，以达到展现人物形象的目的。我们看一下沙博理和登特-杨父子的译文：

沙博理译文：

Born and raised on the river's edge,

Towards officials and Heaven I'm fearless and bold.

Last night demon Hua Guang tried to do me in,

Before he left I snatched his brick of gold! ②

---

① 许仲琳.封神演义[M].北京：人民文学出版社，1979：310.
② 施耐庵，罗贯中.水浒传：汉英对照[M].沙博理 译.北京：外文出版社，1999：1095.

登特–杨父子译文：

> On the bank of the river born I was,
> Don't fear no law, neither man's nor God's.
> The King of Hell said he wanted a ride,
> When I got his gold he went over the side. ①

原诗语言简洁直白，沙译文保留了原诗的语言特征，译文用词简洁。fearless and bold 直观地表现出张横与官斗与天斗的勇敢无畏，颇有英雄气概。原诗中"趁"字是口语表达，沙博理采用俚语 do somebody in。这个短语一般不用于正式场合或学术文本，多用于口头交流的非正式语体，可以表示严重打败或伤害某人，有时也用来指谋杀某人。由此一来，do me in 在语体和意义上与"趁我"实现了对等。

原诗中提到的"华光"是指"华光大帝"，相传其本姓马，有三只眼睛，民间称为"马王爷三只眼"。华光生性顽劣，大闹三界，后归顺佛道，被封为火神，三角金砖是他最趁手的武器。相传华光大战哪吒，被哪吒手下辟瘟使者骗走了金砖。因而在张横口中，不需要用计，自己就可以轻易夺下华光的金砖，可想而知有多豪横。沙博理将"华光"译为 demon Hua Guang，明确了华光是 demon。这里的 demon 并非魔鬼的意思，而是指一种神秘或超自然的存在。"夺下"是展现张横勇猛的动作，沙博理用 snatch 一词，该词常用来描述快速抓取物品的动作，特别是在需要迅速行动的情况下，这一词语的选择很好地再现了张横的动态行为。

与登特–杨父子译文稍做比照，我们就可以看出两个译文在语体风

---

① 施耐庵，罗贯中. 水浒传（第2卷）[M]. 登特–杨（Dent-Young, J.），登特–杨（Dent-Young, A.）译. 上海：上海外语教育出版社，2014：347.

格上的差异。从句式来看，登特-杨父子译文采用了较为复杂的结构，如第一句的倒装结构，就比原诗和沙译文的语言复杂一些。不仅如此，登特-杨父子还对原诗后两句做出了改写，将其回译后是"阎王说他想搭船，我夺下金砖时他便落水"，不仅改变了"华光"的人物角色，还将事件转换为搭船。这种改写使译文在英语语境中更具吸引力，但也导致了与原诗在风格上产生偏离。登特-杨父子译文的整体风格更偏向于英语诗歌的传统风格，通过使用诗歌性的语言和更加戏剧化的描述，创造了一种与原诗不同的氛围。原诗的语气更加质朴和接近民间口语，登特-杨父子译文并未将这些语言风格传译出来。

我们再看第八十回中梁山好汉张贴在济州城土地庙前的一首诗：

生擒杨戬与高俅，扫荡中原四百州。
便有海鳅船万只，俱来泊内一齐休！

高俅以招安为由要杀害宋江，诏书中"除宋江"三字被吴用识破，花荣射死开诏使臣，宋江部队三面夹击城中官军，收军后返回梁山泊。高俅上书京城，调来丘岳和周昂两名大将，带四队精兵向济州进发。高太尉同时建造船厂，匠人叶春献计，打造大小海鳅船数百只，欲一举歼灭梁山水军。海鳅船交付后，高俅在船上一连三日设宴，沉浸在船队将拦截并战胜梁山水军的幻想之中。在这样的背景下，梁山众人在济州城土地庙前张贴了这首诗，意在激怒高俅。

这首诗的语言也是通俗易懂，从中可以看出梁山泊没把高俅放在眼里，尤其是最后两句：哪怕高俅打造了万只海鳅船，我们都能将其一举歼灭，更不用说这区区的三百余只船，哪能是梁山水军的对手！怪不得高俅看到这首诗后大怒，一气之下就要起军征剿。要译好这首诗，梁山好汉霸

气、对高俅不屑一顾的语气可谓是重点,我们来鉴赏一下沙博理的译文:

沙博理译文:
>We'll capture Yang Jian and old Gao Qiu,
>And mop up the prefectures on the Central Plain.
>Even if your paddle-wheelers number ten thousand,
>You won't leave Liangshan Marsh alive again! [1]

译文前三句忠实于原诗的句式结构,亮点在最后一句。原诗的意思是"我们会在梁山泊将万只海鳅船一齐歼灭",译文转换为"你们哪怕有万只海鳅船,都不会活着离开梁山泊",强化了原诗挑衅的语气。这一译法增加了表达的戏剧性。在英语中,alive again 特别强调了生命的危险,给读者带来强烈的紧张感和冲击力。沙博理对原诗中梁山泊将士写此诗的心理和语气把握极为精准,强化了对高俅的挑衅。如果高俅懂英文,看到此译文,恐怕也要直接出征剿匪了。

《水浒传》中另有一首小诗,语体色彩与该诗接近,沙博理的翻译也是可圈可点,语体传译精准:

原诗:
>好个祝家庄,尽是盘陀路;
>容易入得来,只是出不去。

---

[1] 施耐庵,罗贯中.水浒传:汉英对照[M].沙博理 译.北京:外文出版社,1999: 2421.

沙博理译文：

A fine Zhu Family Village,

Its paths twist round about,

Getting in is easy,

But just try getting out!^①

祝家庄"出不去"的原因，一方面是其地形复杂，易守难攻，另一方面，祝家庄高手众多，又与李家庄和扈家庄结盟，势力强大。沙博理将最后一句"只是出不去"译为语气更为强烈的 but just try getting out（你出去试试）。没有直言"出不去"，但传达的意思比"出不去"更具威胁性。

无论是张横的湖州歌，还是梁山好汉张贴在济州城土地庙前的诗，或是祝家庄的小诗，沙博理的译文不仅精准地把握了原诗的语体和人物心理，更通过戏剧化的译法，让读者感受到梁山好汉的霸气。

第三节　对偶再结构

对偶是一种体现中华民族思维特征的修辞形式，通常是用字数相等、结构相同、意义相称的词语、短语等来表达相对应的意义，实现语言要素的对称性。早在先秦时期，对偶就被大量应用于文学语言之中，再到汉代的骈赋、唐宋近体诗、明清时期的八股文等，对偶体现了整体性思维，可以说是一种"贯穿古今、渗透到高雅文化与民俗文化之中的认知现象"^②。

根据内容的不同，对偶可分为正对、反对和串对。正对是指两个相

---

① 施耐庵，罗贯中.水浒传：汉英对照［M］.沙博理 译.北京：外文出版社，1999：1439.
② 祝克懿.论对偶在汉语写作中的认知意义［J］.复旦学报（社会科学版），2006（3）：131.

互呼应的词语、短语或句子在结构上相同或相似，表达的意思相近，例如"两个黄鹂鸣翠柳，一行白鹭上青天"就是以不同视角描写春天的景色。反对是指两个相互呼应的词语、短语或句子在结构上相反或互补，通过对立的方式来达到一种对称的效果，如"满招损，谦受益"就是典型的反对。最后一种是串对，指在一个句子或段落中，通过多个对偶成分的串联形成一种连续、韵律感强烈的节奏效果，例如"欲穷千里目，更上一层楼"。此外，按照对偶形式的工整程度，对偶又可以分为严式对偶和宽式对偶。严式对偶指的是对偶成分在字数、音节数和词性等结构要素上严格地保持相同或相似，如"海内存知己，天涯若比邻"上下两句都是"地点＋动词＋名词"的结构，形式上严格对应。严式对偶常用作传统文学、诗词创作和古文体的修辞手法，追求一种严谨的对称和韵律感。相对而言，宽式对偶对形式的要求就没有这么严格，可以有一定的变化和调整，不要求严格的对称性。宽式对偶更注重意义上的呼应和平衡，强调整体的表达效果，允许一定的表达自由度和创新性。

对偶不仅具有修辞效果，更具有审美价值，是形成语言风格的重要手段。《水浒传》中除古典诗词外，也有很多韵文采用对偶形式。因而，我们单设一节鉴赏沙博理翻译的对偶句。

沙博理翻译对偶句的一大特点就是采用倒装句，如以下几例所示：

原文：

忠心者少，义气者稀。

沙博理译文：

Few are the loyal,

Rare are true friends.①

登特–杨父子译文：

True hearts are few,

Honesty rare;②

原文：

你在东时我在西，你无男子我无妻。

沙博理译文：

In the east are you, in the west am I,

For you no husband, no wife for me.③

登特–杨父子译文：

You to the east and I to the west,

you've no man and I've no girl.④

沙博理采用倒装结构将 few 和 rare 置于句首，突出了原文的对偶成分"少"和"稀"。其次，两句话都是四个单词组成的主系表结构，实现了译文结构上的对称。相比之下，登特–杨父子译文在形式对应上不及沙译文。

---

① 施耐庵，罗贯中.水浒传：汉英对照［M］.沙博理 译.北京：外文出版社，1999：2585.
② 施耐庵，罗贯中.水浒传（第 4 卷）［M］.登特–杨（Dent-Young, J.），登特–杨（Dent-Young, A.）译.上海：上海外语教育出版社，2014：469.
③ 施耐庵，罗贯中.水浒传：汉英对照［M］.沙博理 译.北京：外文出版社，1999：185.
④ 施耐庵，罗贯中.水浒传（第 1 卷）［M］.登特–杨（Dent-Young, J.），登特–杨（Dent-Young, A.）译.上海：上海外语教育出版社，2014：165.

第二个对偶结构的翻译也是如此,沙博理采用倒装结构,译文第一行的两个小句分别为五个单词,第二行分别为四个单词,译文结构整饬,实现形式的平衡和对称。从形式来看,登特-杨父子译文的对称性略逊于沙博理译文。沙博理采用倒装结构翻译对偶句既保持了平行结构,再现汉语原文的对称性,又增加了译文的文学性,令译文更为凝练、有力。

对偶句中前后句字数相等,前后句同一位置有时会出现相同或近义的谓语,而英语注重节约用词,不喜重复,所以省译在一定程度上可以保持译文的简洁和结构美感。沙博理在翻译对偶句时也是力求简洁,常省略重复的谓语,以下文为例:

原文:

　　文有文曲,武有武曲。

沙博理译文:

Civil and military affairs, both have their stars.[1]

登特-杨父子译文:

Peace star and martial star guide your reign.[2]

杰克逊译文:

For civil affairs there is a civil star,

---

[1] 施耐庵,罗贯中.水浒传:汉英对照[M].沙博理 译.北京:外文出版社,1999:5.
[2] 施耐庵,罗贯中.水浒传(第1卷)[M].登特-杨(Dent-Young, J.),登特-杨(Dent-Young, A.)译.上海:上海外语教育出版社,2014:5.

> For military affairs a military star.[1]

沙博理先将"文"和"武"合并译为 civil and military affairs，然后用 both have 的谓语形式共同表述，避免两个"有"的重复，用复数 stars 避免出现两次"曲"。同时 affairs 和 stars 押尾韵，两句话也形成了并列结构，译文朗朗上口，在一定程度上还原了原文的对偶。与沙博理的译文相比，登特-杨父子将"文曲"译为 peace star，将"文"理解为与"武力"对应的"和平"，属于误译。从结构上看，杰克逊译文也再现了原文的对偶结构，但译文略显冗长，简洁性不如沙译文。

汉语的对偶结构体现了整体性思维，而整体性思维在语言表达上有时会产生回环性重复，也就是通过重复部分表述来达到加强语气、增强效果的作用。相比之下，西方更注重理性思维，语言表达不喜重复。因而在翻译汉语的对偶结构，尤其是有重复性语言要素的对偶句时，要注意汉英语言的表达差异，令译文符合译入语的表达习惯。沙博理在翻译对偶的重复并列句式时，会用灵活的句式来代替原文中过度重复的句式，我们以下文为例加以赏析：

原文：

饥不择食，寒不择衣，慌不择路，贫不择妻。

沙博理译文：

> Any food when you're hungry,
> When you're cold rags save life;

---

[1] Shi, Naian. Water Margin [M]. J. H. Jackson (trans.). Singapore: Tuttle Publishing, 2010: xlii.

Any road when you're frightened,
When you're poor any wife. ①

登特–杨父子译文：

Famine doesn't choose its food,
Cold weather doesn't care about fashion,
Panic doesn't pick a road,
Penury has no time for passion. ②

杰克逊译文：

When hungry, he took any food that was ready; when cold, any clothing available; hurrying, he did not choose road; and being poor he would have taken any woman as his wife. ③

将三个译文加以对照可以看出，沙博理的译文句式灵活，同一句式最多使用两次，将 any 和 when 置于句首，起到了强化结构的作用。译文中1、3 分句是一个句式，2、4 分句是一个句式，句式的多样提升了语言表达的多样性。此外，life 和 wife 押尾韵，进一步强化了译文的形式特征，再现了原文结构的对称性。登特–杨父子译文和杰克逊译文都在一定程度上再现了原文的对偶结构，但译文的灵动感不及沙译文。

沙博理在翻译对偶句时展现了卓越的技巧，通过灵活运用倒装句和省

---

① 施耐庵, 罗贯中. 水浒传：汉英对照 [M]. 沙博理 译. 北京：外文出版社, 1999: 107.
② 施耐庵, 罗贯中. 水浒传（第 1 卷）[M]. 登特–杨（Dent-Young, J.），登特–杨（Dent-Young, A.）译. 上海：上海外语教育出版社, 2014: 99.
③ Shi, Naian. Water Margin [M]. J. H. Jackson (trans.). Singapore: Tuttle Publishing, 2010:25.

略重复谓语等方法，成功保持了原文的对称性和韵律感。他的译文不仅在结构上实现了对称，还增强了文学性和简洁性，体现出他高度的语言敏感性和创造力。他的翻译方法提醒我们，在追求内容忠实的同时，不应忽视形式的美感和语言的灵动，从而实现更高质量的文学翻译。

第四章　文化鉴中传

诗词是最凝练的语言表达形式，也是中国传统文化浓缩的艺术形式之一。诗词翻译在本质上可以说是一种文化翻译。如何深入诗词内部，理解其文化内涵，并将其再现于异语文化之中，是对译者最大的挑战。一直以来，"诗不可译"的论断始终存在，但在文化交流和文明互鉴的需求推动下，诗词翻译必须为之，而且要将诗词所蕴含的文化信息传递给外国读者。沙博理作为特殊的"文化中间人"，他又是如何调和文化差异，将中国文化呈现给西方读者呢？我们将在本章予以探究。

第一节　品鉴月文化

"月"是中西诗歌中常见的意象，中国传统文化中"月"被赋予了丰富的象征意义，成为表达感情、抒发思想和阐发人生哲理的重要元素。古往今来，一轮明月寄托了世世代代的情感，形成了独特的月文化。

作为一个人类共通的古老而丰富的象征，moon 常出现在英语诗歌中，代表着浪漫、神秘等主题。斯蒂文森（Robert Louis Stevenson）创作的《月亮》(*The Moon*) 是一首家喻户晓的儿童诗，语言简洁，朗朗上口：

The moon has a face like the clock in the hall;
She shines on thieves on the garden wall,
On streets and fields and harbour quays,
And birdies asleep in the forks of the trees.

The squalling cat and the squeaking mouse,
The howling dog by the door of the house,
The bat that lies in bed at noon,
All love to be out by the light of the moon.

But all of the things that belong to the day
Cuddle to sleep to be out of her way;
And flowers and children close their eyes
Till up in the morning the sun shall arise. ①

  这首诗中月亮被拟人化，具有了近乎人类的特质，易让儿童对月亮产生亲近感，将其作为一种友好的存在，认为月亮始终守护着他们。在英语诗歌中，月亮多带有神圣感。

  在中国文化中，提起月亮，中国人的文化基因让孩童到耄耋老人都能脱口而出"举头望明月，低头思故乡"的佳句。月亮与中秋的碰撞更是让文人对月抒怀，望月而思乡，如"海上生明月，天涯共此时""今夜月明人尽望，不知秋思落谁家""只影而今，那堪重对，旧时明月"，等等。中秋夜咏月诗句在诗词中俯拾皆是，其中苏轼的《水调歌头·明月几时有》

---

① Stevenson, Robert Louis. A Child's Garden of Verses [M]. Checkerboard Press, 1981: 35.

因其哲思和表达人类普世情感而传诵千古。经梁弘志作曲、王菲演唱后，苏轼的这首词在当代获得了新的生命，也成为中秋晚会的必唱曲目。

明月词在英语世界的译介可以追溯至1933年，当时英国学者克拉拉·甘霖（Clara M. Candlin）出版了首部宋词英译本《风信集：宋代诗词英译》（*The Herald Wind: Translations of Sung Dynasty Poems, Lyrics and Songs*），并邀请胡适作序。该译作共收录79首宋词，其中就有明月词。之后初大告于1937年出版了《中华隽词》（*Chinese Lyrics*，1937），共翻译101首宋词，明月词位列其中。初大告的译本得到《新英语周刊》（*New English Weekly*），《诗歌评论》（*Poetry Review*）以及《伦敦信使》（*London Mercury*）等英国知名期刊的一致好评[1]，是中国学者最早尝试翻译中华词的实践之一。根据涂慧的整理，21世纪初期英语世界就有16种明月词英译本，这只是英语世界的统计数据，中国译者的英译本更是不胜枚举，足见这首词的传播度。

苏轼这首明月词寄托了人类共同的朴素情感，诗中处处是月，字字是情，句句是哲思，是中国月文化的缩影。这首词在语义、格调和精神三个层面都具有相应的翻译难点，词中的时空意象、月文化以及自然和社会的高度契合令其蕴含着巨大的阐释空间，译者在翻译时要再现明月词的艺术性和思想性。下面我们鉴赏沙博理译文，并比照林语堂译文和许渊冲译文，探讨如何在英语世界传译月文化。

水调歌头·明月几时有

明月几时有？把酒问青天。不知天上宫阙，今夕是何年？我欲乘风归去，又恐琼楼玉宇，高处不胜寒。起舞弄清影，何似在

---

[1] 赵云龙. 初大告诗歌翻译活动探析——以《中华隽词一〇一首》为例[J]. 外语与翻译，2015（2）：26–32.

人间？

转朱阁，低绮户，照无眠。不应有恨，何事长向别时圆？人有悲欢离合，月有阴晴圆缺，此事古难全。但愿人长久，千里共婵娟！①

沙博理译文：

When is there a bright moon?

Ask the sky, cup in hand.

Who knows what year it is

In the palaces of heaven.

I long to go there, riding the wind,

But the cold I cannot stand

In that lofty jade firmament;

I dance alone with my shadow,

As if in another world.

With the beaded curtains rolled high,②

The moonlight, streaming through the open window,

Drives away sleep.

I should not be resentful, but why

Is the moon always roundest at parting?

As people have their sorrows and joys, separating and reuniting,

---

① 苏轼.苏轼词集［M］.刘石 导读.上海：上海古籍出版社，2009：13-14.
② 《水浒传》中明月词此句为"高卷珠帘，低绮户，照无眠"，为了忠实于《水浒传》原文，沙博理在翻译时还是依据"高卷珠帘"翻译。

So has the moon its bright and dark, waxing and waning.

Since ancient times, it has always been thus!

If we cannot for long be heart to heart,

Let us enjoy the same moon, far apart! ①

林语堂译文：

How rare the moon, so round and clear!

With cup in hand, I ask of the blue sky,

"I do not know in the celestial sphere

What name this festive night goes by?"

I want to fly home, riding the air,

But fear the ethereal cold up there,

The jade and crystal mansions are so high!

Dancing to my shadow,

I feel no longer the mortal tie.

She rounds the vermilion tower,

Stoops to silk-pad doors,

Shines on those who sleepless lie.

Why does she, bearing us no grudge,

Shine upon our parting, reunion deny?

But rare is perfect happiness—

The moon does wax, the moon does wane,

---

① 施耐庵，罗贯中. 水浒传：汉英对照 [M]. 沙博理 译. 北京：外文出版社，1999：879.

And so men meet and say goodbye.

I only pray our life be long,

And our souls together heavenward fly! ①

许渊冲译文：

How long will the full moon appear?

Winecup in hand, I ask the sky.

I do not know what time of year

It would be tonight in the palace on high.

Riding the wind, there I would fly,

Yet I'm afraid the crystalline palace would be

Too high and cold for me.

I rise and dance; with my shadow I play.

On high as on earth, would it be as gay?

The moon goes round the mansions red

Through gauze-draped windows soft to shed

Her light upon the sleepless bed.

Against man she should have no spite.

Why, then, when people part, is she oft full and bright?

Men have sorrow and joy; they part or meet again;

The moon is bright or dim and she may wax or wane.

There has been nothing perfect since the olden days.

---

① Lin, Yutang. The Gay Genius: The Life and Times of Su Tungpo [M]. New York: The John Day Company, 1947: 175–176.

So let us wish that man

Will live long as he can!

Though miles apart, we'll share the beauty she displays.[①]

一、时空意象流转

语义网是诗词语言层面核心意义交织而成的语义网格，是形成诗词格调和精神的基本保证。纵横交织的时空意象形成明月词的语义网，营造出苍茫阔大的时空境界。我们从明月词中归纳出时间词汇集和空间词汇集，两个词汇集相互交叉、流转变换。

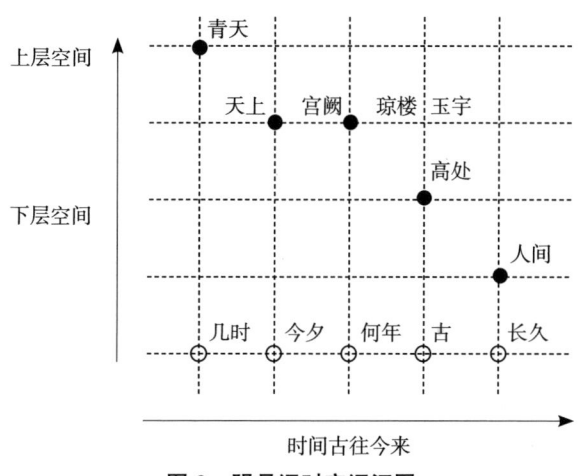

图 3 明月词时空词汇网

苏轼对"几时有"的提问引出对时空的无限遐想。林译 how rare 感叹此月出现的次数太少，许译 how long 强调月亮出现的时长，只有沙译 when 是对时间的直接提问。苏轼此时神思驰骋，古往今来、宇宙时空尽在自己的畅想之中，"今夕是何年"中的"今夕"已经不是其所指的"今

---

① 许渊冲. 中诗英韵探胜——从《诗经》到《西厢记》[M]. 北京：北京大学出版社，1992：359.

夜",可以是此时此刻,也可以是千百年前或千百年后的任何一刻。所以沙译将"今夕"省略不译,用 it is 的一般现在时突出时间的流转不定,保留阐释空间。对于更具确指意义的"何年",沙译 what year it is 和许译 what time of the year 均可取,而林译 what name this festive night goes by(天上是什么节日)有过度诠释之嫌。词人仰古今变迁,发出"古难全"的感叹。"古"具有时间的比较意义,林译没有译出"古"这一时间概念,许译为 olden days,沙译为 ancient times。olden 和 ancient 都具有"古老"的含义,但 olden 更强调时间的过去性,ancient 强调某事或某物存在很长时间,对于自古以来的事实,ancient 比 olden 更加贴切。"长久"一词三个译本都译为 long,但其修饰的主语却大不相同,所体现的感情与哲思也差别突出,下文将做进一步探讨。

在空间布列方面,与林译和许译相比,沙译使用了较多的介词 in 来连接空间实体,且"天上宫阙"与"琼楼玉宇"的 in 都放在句首,跨行突出 in,空间感进一步加强。明月词中"高处"有两个含义,一是指物理空间的高度,其二是指京城朝廷的政治高度。林译和许译的 high 只把"高处"的表层含义译出,沙博理虽没有单独翻译"高处",但在 jade firmament 前添加修饰词 lofty 表示物理空间的高,同时 lofty 还具有"崇高"之意,在一定程度上可再现"高处"的深层含义。下层空间的"人间"与上层空间的"青天"相对,两词除了物理的空间意义之外,还是苏轼入世与出世思想的象征。林译 I feel no longer the mortal tie 中 mortal 一词令译文具有浓厚的基督教味道,与苏轼的儒释道思想不符。许译将"人间"译为 earth(地球,地面),在空间上与 sky 对应,但没将"人间"的世俗性译出。沙译 world 既有空间上的"世界"之意,又有深层的"世间"之情,传译精准。

沙译通过巧妙地增加和删减时空意象,对原词语义网的编织优于林译和许译，更好地保留了原词的阐释空间。

二、月之现

明月词以月起，以月终。情感层面上，以"月"为主线的浪漫描绘中隐藏着词人的思想波折与人生体悟。逻辑结构上，词人由问月引发飞月的畅想，继而望月、怨月、慰月，"月"承接明月词的情节发展。词中虽然只出现两次"月"，但实际月之意象共出现五次，这五个"月"填充在时空意象交织的横纵线之间，共同构成了明月词的语义网。如何将月的意象全部译出，关系到该词的情节推进。

苏轼词开篇就营造出一种皓月当空，孤高旷远的境界氛围，因此在翻译时要突出明月之"明"。林译 clear 一词多用于形容天空晴朗，此处形容月的明亮，实有不妥。许译 full moon（满月）虽译出了中秋之月的圆，但"明"的含义未译出。沙译 bright moon（明月），简洁又传达准确，意境得以再现。

"转朱阁，低绮户，照无眠"中月亮作为隐形的施动者，照着无眠之人，翻译时有必要将隐形月显化。林译将月亮拟人化为 she，许译将月亮显化为 the moon 的同时也将月亮拟人化为 her，明月词中月亮是"外感应"①实体，而 she 却是译者"内感应"②的结果，游离于苏轼的感应效果。沙译将月亮进一步细化为月光 moonlight，月光穿过窗户，更符合西方人的逻辑思维。

在"何事长向别时圆"中，苏轼怨月为何总在人们分离之时最圆，用圆月衬托别情，所以在翻译时要将月的"圆"译出才能再现月亮在此处的比较意义。林译没有将"圆"译出，许译将圆月译为 full and bright（又

---

① 刘华文.翻译诗学[M].北京：外语教学与研究出版社，2015：133.
② 同上。

圆又亮），沙译为 roundest（最圆）。roundest 不仅符合明月词的创作背景，而且反衬亲人离别之苦，有情景，有情感，有力度。

"阴晴圆缺"四字虽为名词，却表现出了月亮的静态与动态。林译中只译出了"圆缺"，未译"阴晴"，这样一方面没有译出"阴晴圆缺"与"悲欢离合"的对称美，另一方面也未体现月亮的整体性。许译用动词 wax or wane 表现月亮的动态，与动词原形相比，沙译采用具有时间标记性的现在分词 waxing and waning，令月亮的动态更直观可感。

"婵娟"一词在汉语中已经语码化或词汇化，成为中国月文化的特有词汇之一。明月词以问月起，以共月终，将"婵娟"的真义译出才能呈现该词在结构上的照应。林译将"共婵娟"译为具有基督教情怀的 souls together heavenward fly，不仅没有译出"月"，而且译者的基督教思想显形，有悖于苏轼本人的思想。许译 share the beauty she displays，将共赏月诠释为"共同欣赏美人"，将"月"性别化，译者崇美的翻译思想显现。沙译 enjoy the same moon，准确地译出了"共婵娟"，既没有表达不及，也没有诠释过度。

沙博理在准确理解作者意图的基础上充分利用译入语优势，在语义网表达的一致性方面优于译者显形的林译和许译，"月"的阐释空间扩大，译词更具跨文化传播力。

三、格调呼应

诗词的格调具有体制声律、艺术风貌、品第水准三方面的义涵[1]，是诗词各要素之间的协调与融合。在中国古典诗词批评领域，通过衡量诗词格调的高低可以判断诗人的人生境界与诗艺修养的深浅[2]。同样在诗词翻译

---

[1] 邓红梅. 论"格调"[J]. 文学遗产，2009（1）：86-95.
[2] 同上。

中，译诗能够实现与原诗格调的呼应也是译诗诗质的决定因素之一。明月词中格调最高的当属结尾句"但愿人长久，千里共婵娟"，意蕴深远、如泣如诉，可谓全词流传千年的绝唱之笔，体现了词人超越时空的情怀，人生境界宽广深远。林语堂将此句译为"I only pray our life be long, / And our souls together heavenward fly!"，译者强势显形，原词超脱的道家情怀被扭曲为基督教天国理想，译词体现出与明月词完全不同的格调。许译为了与上文词尾 again、wane 押尾韵，将"但愿人长久"拆分为两行，稍显冗长拖沓。其次，许译将"千里共婵娟"译为更具崇美格调的"Though miles apart, we'll share the beauty she displays."，体现了译者的翻译思想，译者显形。沙译"If we cannot for long be heart to heart, / Let us enjoy the same moon, far apart!"不仅巧妙地押尾韵，而且将"长久"和"共婵娟"的含义精准地传达出，尤其是最后一句中逗号的使用，实在妙极！首先，逗号提示朗读时语气的停顿效果或阅读时对其后 far apart 的关注。其次，逗号突出 far apart，令空间距离反衬出常情之久。也正因此，明月词这首抒发兄弟离愁和期盼人情长久的作品，仅凭这两句可以独立生存于目的语文化，苏轼这首词的后起生命由此诞生。

四、精神再现

诗词的精神就是令读者进入一首诗词时犹如获得与作者同样的精神体验；诗词翻译中的精神再现，就是令作者在场与诗词的语义网和格调融合。明月词中苏轼"俯仰古今变迁，感慨宇宙流转，……揭示睿智的人生理念"[1]。"人有悲欢离合，月有阴晴圆缺，此事古难全。但愿人长久，千里共婵娟！"这两句词观照自然和社会，用变换的宇宙规律来说明人间聚

---

[1] 唐圭璋，钟振振 编. 宋词鉴赏辞典［Z］. 北京：商务印书馆国际有限公司，2011：379.

少离多是自古的事实，之后意境一转豁达，聊以自我宽慰。沙译"Since ancient times, it has always been thus!"中 thus 一词可谓是神来之笔，将词人的豁达表现得淋漓尽致。"自古以来，就是这样"，既然如此，就让世人突破时间的局限，冲破空间的阻隔，让这一轮明月将分离的人儿联系在一起。此处的"人长久"不是林译 our life be long 和许译 will live long as he can 所表达的生命之长久，而是沙译中 long be heart to heart 的心灵相通——只有心灵相通才会不顾时光流转，冲破时间的局限。纵观三个译本，只有沙译本将词人豁达的心境译出，实现了作者、译者和读者心灵上的契合。

林语堂自小受基督教熏陶，青年时代又在欧美留学，基督教文化对他有着不可磨灭的影响。纵观明月词林译本，基督教思想与基督教哲学尽显，最为明显的便是"但愿人长久，千里共婵娟"的译文。他不仅将"但愿"译为基督教词语 pray，更是将"千里共婵娟"所具有的普世情怀译为 our souls together heavenward fly（让我们的灵魂共升天国）。在林语堂笔下，苏轼的居士形象被重塑为对月祈祷的牧师形象。林语堂在翻译明月词时"以我观物"，作为基督教徒的社会性角色在译本中强势显形，令译本呈现出与明月词完全不同的精神气质，译语读者可以从译本中明显感受到译者的踪迹。林语堂作为"两脚踏东西文化"的学者，也许这是他杂糅东西文化的一种尝试，但结果却是基督教思想遮蔽了明月词的文化传播力，令译本偏离理想。

与林译本中译者文化身份显形不同，许译本体现了译者本人的翻译思想。许渊冲认为文学翻译是两种语言文化的竞赛，竞赛时要发挥译语优势，使译文胜过原文，他还强调翻译要使读者愉悦，要让读者得到美的感受[①]。

---

① 许渊冲. 再创作与翻译风格[J]. 解放军外国语学院学报，1999(3)：72-76.

解析明月词时，许渊冲将"千里共婵娟"解读为"快乐和美可以超越时间和空间的限制（joy and beauty could transcend time and space and that a joy shared would be one multiplied）"[①]。苏轼希望世人即使分隔千里仍能心灵相通的情怀被解读为对美的追求，许渊冲本人"美化之艺术"的翻译思想在译本中强势显形。无独有偶，许渊冲在翻译白居易《花非花》时，也是将诗人外感应的存在译为具有译者内感应结果的 she，"将感应内容局限在情感之上，窄化了诗意空间"[②]。许渊冲以自己的翻译思想为前提理解明月词，翻译之初便凌驾于其他主体之上，译者强势显形，导致其呈现译本与理想译本相去甚远。

与林语堂和许渊冲相比，沙博理译者显形较弱，呈现译本与理想译本的趋同度最高。例如"但愿人长久"中的"人"，其本意已经超越个人而具有"人"的普遍意义，即具有情感关联的跨际的人，后世阅读使之得到固化。沙博理将其译为 heart to heart，再现了人与人之间的情感关联，体现出译者与作者的"神通"。沙博理"一人三体"的文化间性身份可以令他在显形较弱的前提下与作者和读者交互，从而既能以原作读者的身份解码原文，令译文保留原文的特质、气韵等，又能在此基础上发挥译者主体性，在目的语中进行再创作，准确把握住译者显形必要性与充分性之间的限度，丰富和拓展了原作的生命，令呈现译本更接近理想译本。

第二节　观英雄形象

《水浒传》中的古典诗词以叙事诗为主，这些诗篇涉及众多丰富多彩

[①] 许渊冲.中诗英韵探胜——从《诗经》到《西厢记》[M].北京：北京大学出版社，1992：360.
[②] 刘华文.翻译诗学[M].北京：外语教学与研究出版社，2015：142.

的人物形象。人物形象的生动描绘对于增强故事情节、强化主题和激发情感共鸣具有至关重要的作用。因此，如何在翻译中巧妙再现或重塑人物形象，不仅是翻译诗歌时追求的目标，也是推动小说情节发展的必然需求。我们先看第十六回中挑酒人唱的一首民谣：

> 赤日炎炎似火烧，野田禾稻半枯焦。
> 农夫心内如汤煮，公子王孙把扇摇！

据《历代民歌选析》记载，原诗是宋代的一首民歌，创作者不详，后被《水浒传》作者引用。该诗第一句描写了烈日当头，骄阳似火的景象，接下来将画面从天空转入地面，田野中的禾苗因暴晒而枯焦。该诗前两句营造了从天到地的时空感。后两句农夫和公子王孙的对照是该诗要表达的主题。看到被晒枯的禾苗，整日在田间劳作的农夫心情如汤煮一般焦急，担心今年的收成，而公子王孙们只是因天气炎热而摇起扇子。该诗通过描写酷暑时节农夫和公子王孙的不同表现来揭露两个阶级之间的矛盾和对立。农夫辛勤劳作仍可能颗粒无收，这与公子王孙的闲适安逸形成了鲜明对比。这首诗形象对比鲜明，表达出普通劳动者对于公子王孙的愤愤不平，也预示北宋阶级矛盾的激化。对于该诗，金圣叹评道：

> 挑酒人唱歌，此为第三首矣。然第一首有第一首妙处，为其恰好唱入鲁智深心坎也。第二首有第二首妙处，为其恰好唱出崔道成事迹也。今第三首又有第三首妙处，为其恰好唱入众军汉耳朵也。作书者虽一歌不欲轻下如此，如之何读书者之多忽之也？上二句盛写大热之苦，下二句盛写人之不相体悉，犹言农夫当午在田，背焦汗滴，彼公子王孙深居水殿，犹令侍人展扇摇风，盖

深喻众军身负重担，反受杨志空身走者打骂也。①

除了诗歌本身的艺术特色之外，金圣叹也点出了该诗在《水浒传》中的叙事功能，即借卖酒人之口，指出众军与杨志之间的不平等关系，从而激化矛盾。翻译该诗时，如何传译出农夫和公子王孙两种人物形象之间的对立关系，是再现该诗主旨的关键所在。我们还是将沙博理译文与杰克逊译文和登特-杨父子译文加以比照：

沙博理译文：

> Beneath a red sun that burns like fire,
> Half scorched in the fields is the grain.
> Poor peasant hearts with worry are scalded,
> While the rich themselves idly fan! ②

杰克逊译文：

> The sun pours down its glowing heat,
> Parching the growing corn;
> The farmer's heart melts in the glow,
> The rich fan to and fro,
> While I sweat here forlorn. ③

---

① 施耐庵. 水浒传（评注本）[M]. 金圣叹 评. 上海：上海古籍出版社，2015：219-220.
② 施耐庵，罗贯中. 水浒传：汉英对照[M]. 沙博理 译. 北京：外文出版社，1999：461.
③ Shi, Naian. Water Margin [M]. J. H. Jackson (trans.). Singapore: Tuttle Publishing, 2010: 172.

登特–杨父子译文：

The sun's a fiery furnace,

The plants are all burnt brown.

The peasant sweats in harness.

The noble waves his fan. [①]

沙博理将"农夫"译为 poor peasant，将"公子王孙"译为 the rich，poor 和 rich 两个词直接凸显出两个阶级的对立关系，然后用 hearts with worry 进一步建构了内心焦急的农夫形象。相比之下，杰克逊采用了更具诗意的表达 heart melts in the glow，弱化了农夫"如汤煮"的心情。登特–杨父子则将农夫焦急的心理转化为 sweats in harness 的辛勤劳作，对人物心理刻画不足。从人物形象的建构来看，沙博理用 poor 和 hearts with worry 更形象地传达出贫苦农民面对干旱的焦灼内心。此外，原诗第四句中的"把扇摇"表面是公子王孙也受不了这炎热天气，不住地摇起扇子，而背后的深层含义是要表现公子王孙无须在这炎热天气下劳作，凸显两个对立阶级面对干旱时完全不同的心理和生活状态。这就要求译者在传译公子王孙这一人物形象的动作时，要将深层结构显化。沙译文中增加副词 idly，为"摇扇"这一动词添加了感情色彩，动态地表现出公子王孙们无所事事的生活状态，建构了公子王孙闲散的形象，与农夫的辛勤劳作形成鲜明对比，令译诗的主题得以深化。在对这一动词的传译上，杰克逊和登特–杨父子分别采用 fan 和 wave 两个动词，译法都较为平淡，情感色彩稍弱。

《水浒传》中有多位人物是以哼唱山歌的形式出场，这些韵文形成读

[①] 施耐庵，罗贯中. 水浒传（第 1 卷）[M]. 登特–杨（Dent-Young, J.），登特–杨（Dent-Young, A.）译. 上海：上海外语教育出版社，2014: 375.

者对该人物的第一印象，发挥着建构人物形象的功能。翻译这些诗词也是在目的语中重构人物形象的过程，以第十九回阮小七出场时哼唱的山歌为例，看一下几个译本之间的差异：

原诗：

老爷生长石碣村，

禀性生来要杀人。

先斩何涛巡检首，

京师献与赵王君！

沙博理译文：

In Stone Tablet Village I was born,

I've always liked to kill,

Ho Tao and the deputy's heads I'll lift

And present them to the emperor as my gift.[①]

杰克逊译文：

I was born at the village of Shijie,

And I long to slake my thirst for blood;

Let me only behead the deputy and He Tao,

And present their heads to the Emperor Zhao.[②]

[①] 施耐庵，罗贯中．水浒传：汉英对照［M］．沙博理 译．北京：外文出版社，1999：537．
[②] Shi, Naian. Water Margin [M]. J. H. Jackson (trans.). Singapore: Tuttle Publishing, 2010: 208.

登特–杨父子译文：

In Stonetable Village I was born and bred,
Killing's my entertainment;
When I meet an official I cut off his head,
That's how my days are spent.①

原诗是何涛带人扫荡石碣村想要捉拿晁盖等人时，阮小七出场时唱的山歌。在石碣村与何涛的交战是梁山好汉与官府的首次正面抗衡，双方力量悬殊：一边是何涛带领的一千官兵人马，另一边只有晁盖、公孙胜、三阮弟兄等五人，外加十数个庄客。三阮兄弟利用自身水性和地形优势，大战何涛。该诗作为开战前的铺垫，塑造了梁山好汉不惧强权、无所畏惧的气概。对于该诗，金圣叹评道："斩赃酷首级以献其君，真能献其君矣。又两歌辞义相承，如断若续。前云杀尽，后云先斩；前歌大，后歌紧。妙绝。"②原诗中阮小七以"老爷"自居，将何涛等官府人员称为"贼"，对此金圣叹评道："官是贼，贼是老爷。然则官也，贼也；贼也，老爷也。一而二，二而一者也。"③金圣叹的此番评论道出了当时的世道。

该诗前两句是阮小七对自己性格秉性的描述，言语极为豪放，也难怪其绰号为"活阎罗"。后两句表明了他对此次交战的决胜信心，塑造了阮小七生性暴戾的反抗形象。杰克逊将"斩"译为 behead，登特–杨父子将其译为 cut off his head，沙博理没有直接将"斩"译为相应的动词，而是将其转换为"斩"的后续动作提人头（lift heads），阮小七的形象瞬间变得

---

① 施耐庵，罗贯中. 水浒传（第 1 卷）[M]. 登特–杨（Dent-Young, J.），登特–杨（Dent-Young, A.）译. 上海：上海外语教育出版社，2014：433.
② 施耐庵. 水浒传（评注本）[M]. 金圣叹 评. 上海：上海古籍出版社，2015：257.
③ 同上.

生动鲜活起来，一个手提人头的莽汉形象跃然纸上。所以说，"手提人头"对人物形象的塑造比"斩头"更为直观，强化了阮小七借助山歌塑造的个人形象。

但生性暴戾者依然有着报国的理想，"京师献与赵王君"传达出阮小七忠义的性格，他想要杀贪官污吏，但并不反对朝廷，而是要将他们的人头献给宋徽宗。《水浒传》第九十六回大战方腊时，阮小二身亡后阮小五和阮小七说道："我哥哥今日为国家大事折了性命，也强似死在梁山泊埋没了名目"[①]。虽然是谏劝宋江所言，但也反映出阮氏三兄弟想要报国的忠义之志。杰克逊的译文 present their heads to the Emperor Zhao 传译了其意义，登特-杨父子译本省略未译。实际上，present 一词并不能完整传达"献"字的含义。"献"指下对上、卑对尊的进献，但英文中 present 一词所代表的收授双方并不存在等级关系，因此沙博理的译文 present them to the emperor as my gift 中增加了 as my gift 的语义，进一步交代清楚"献"所具有的仪式性。此外，上文的动词 lift 与 present 形成了动作的衔接，手提人头，献上礼物，一连串的画面出现在读者眼前，暗示阮小七希望通过将何涛等人的头颅作为礼物呈献给皇帝，来展示自己的勇气、力量和对皇权的忠诚，深化了对阮小七的形象塑造。

沙博理对《水浒传》中每个人物的把握都很精准，尤其善用小词表达人物形象。汉语用词较为宽泛，有时存在模糊的特征，相比之下，英文表达更为精准，尤其是在动词的使用上。沙博理意识到两种语言的此种差异，尽可能用更为精确的词语描述人物动作，令小说中的英雄人物在译语文化中也能活灵活现。

---

① 施耐庵，罗贯中. 水浒传：汉英对照[M]. 沙博理 译. 北京：外文出版社，1999：2920.

第三节　析忠义思想

上一节我们鉴赏了沙译《水浒传》诗词中对英雄形象的重塑，其中不乏人物形象所体现出的忠义思想。《水浒传》的忠义思想与其招安的结局互为映衬，所以在《水浒传》的接受史上，围绕忠义和招安的争议一直存在。

明代文学家盛赞《水浒传》的忠义思想，几乎所有版本都被称为《忠义水浒传》。在这些明代文学家中对后世影响较大的是李贽，他在《忠义水浒传序》中对为何将"忠义"二字加诸《水浒》之上做了阐释，肯定宋江等人在招安后征辽和征方腊的行为，这也成为后世解读《水浒传》思想主题的重要参考。到了明代晚期，由于农民起义的兴起和朝政的混乱，有些文学家质疑宋江的招安行为，最具代表性的就是金圣叹。他批判宋江的招安行为，将《水浒传》改为七十回本，将梁山一百零八将聚义之后的情节全部删除，并在序言中表示自己是"削忠义而仍《水浒》"，是一种否定招安、否定忠义的批评思想。

《水浒传》的忠义主题自然有着极深的历史背景。在封建社会中，皇帝是一国之首，建功立业是有志之士的梦想和家国情怀。阮小五和阮小七出场时唱的民歌中各有一句："酷吏赃官都杀尽，忠心报答赵官家"和"先斩何涛巡检首，京师献与赵王君"，这里的"赵官家"和"赵王君"就是指当时的皇帝宋徽宗，从中也可以看出水浒英雄"反贪官不反皇帝"的立场。

整部《水浒传》中，忠义思想在宋江身上体现最为明显。晁盖死后，宋江接过梁山泊第一把交椅的位置，随即将"聚义厅"改名为"忠义堂"，其忠于国家之心昭昭。《水浒传》后三十回记叙招安进展的情节中，有几首颇有韵味的词都出自宋江之口，表达其报国之心和希望招安的心情。这几首词的分量极重，是宋江当时内心情感的直观表现。我们在前文中提过，沙博理在其译本后三十回中只翻了原文中的17首诗词，可偏偏这几首表现宋江忠心思想的词都被沙博理一一译出，可见沙博理也意识到这几首词的重要性。我们先看第七十一回中宋江所作的《满江红》一词：

原诗：

  喜遇重阳，更佳酿今朝新熟。见碧水丹山，黄芦苦竹。头上尽教添白发，鬓边不可无黄菊。愿樽前长叙弟兄情，如金玉。

  统豺虎，御边幅。号令明，军威肃。中心愿平虏，保民安国。日月常悬忠烈胆，风尘障却奸邪目。望天王降诏早招安，心方足。

梁山一百零八将聚义盟誓之后，又值重阳节，宋江便在梁山泊大摆筵席，会众兄弟一同赏菊饮酒。忠义堂上插遍菊花，在山下的弟兄们也回山寨赴宴，整个山寨一派热闹景象。觥筹交错，开怀畅饮后，宋江大醉，乘着酒兴，叫来纸笔，作了这首《满江红》。

  原词从重阳节当下山寨的情和景说起，表达了逢重阳节开怀痛饮之"喜"，见秋景而生的时光催人老的担忧以及对兄弟情谊的珍惜。下阕所表达的情感由个人、兄弟之情上升到爱国之心，带领兄弟们啸聚山林，严肃军纪，抵抗外敌。但宋江心中始终想要为国家征讨寇虏，使得国家安定，人民安康。宋江写到这里，忠心报国之情已无法抑制，直接表达自己的忠心天地可鉴，可惜奸邪佞臣当道。最后一句直抒胸臆，言明想要招安的心情。在众兄弟聚义后的首次筵席上，宋江就直接抒发想要招安的心愿，这也为后续情节的发展做出了铺垫。

  这首词是忠心思想的直观呈现，对于衔接上下文的故事情节也具有重要的作用。下面我们分析一下沙博理是如何再现原词的忠心思想,同时以登特-杨父子译文作为比照。

沙博理译文:

Welcoming the Double Ninth

With newly distilled good wine,

We gaze at the blue waters, red hills,

Yellow reeds and dark bamboo.

The grey in my hair is ever increasing,

But a yellow chrysanthemum is tucked over one ear.

Let us savor out friendship,

More precious than gold or jade.

We've controlled the savage foe and can defend our borders,

Our orders are wise, our discipline tight.

We want only to repel the barbarian invaders,

Defend the people and our country.

Constantly we burn with loyal ardor, though wicked officials

Are blind to our exploits.

May the emperor soon hand down an amnesty,

Then will our hearts be fully at ease. [1]

---

[1] 施耐庵,罗贯中. 水浒传:汉英对照[M]. 沙博理 译. 北京:外文出版社,1999:2165+2167.

第四章　文化鉴中传

登特–杨父子译文：

Joyfully we meet today

To celebrate and fill our cups

With a new and heady brew.

We gaze upon green waters,

Red hills, pale reeds

And sad bamboo.

Much white the years have heaped upon

My head, but still I wear

A chrysanthemum in my hair.

Telling tales of days gone by

We sit before the wine-jar here,

More precious to us than gold or jade

The friendship of this company.

The wild beasts all are conquered now,

Our territory is secure,

Our orders wise, our army strong,

Our one desire

To fight our country's foe,

Our land and kin defend.

Constant in loyalty are we,

Our valour plain to see;

Though venal hearts deny it

And lying courtiers' tongues.

To ease our hearts there's but one way,

> To the Highest we direct our plea,
>
> And beg for amnesty.①

  原词以"统豺虎,御边幅"起下阕,"豺虎"常用于比喻贪婪凶恶之人。沙博理将其译为 savage foe(凶恶之敌),不仅明确了"豺虎"的暗指对象,也更突出了宋江军队的战绩。相比之下,登特-杨父子将其直译为 wild beasts,难免产生歧义,征战沙场的将士好像摇身一变成为山林狩猎的勇士,人物形象偏差较大。在句式上,沙博理用主语 we,意在突出以宋江为主的"我们",人物的主体性增强,更能表现出宋江的主体情感。登特-杨父子译本以 the wild beasts 和 our territory 为主语,弱化了宋江的主体性。"号令明,军威肃"也是意在说明"我军"的实力,可以看出宋江内心的傲气。沙博理和登特-杨父子都用 our 作限定词,传译出宋江的本意。

  "中心愿平虏,保民安国"表达了宋江的忠心思想,这里提到的"虏"是指当时侵犯北宋的辽国。古代习惯将敌对的外族称为"虏",如胡虏,所以宋江是以"虏"代"辽"。我们看沙博理的译文还是以 we 作为主语,强调主动性,将"平虏"译为 repel the barbarian invaders,准确地传译出驱除外敌的意思。同时采用跨行的方式,以 defend 另起一行,突出保民安国的动作。沙博理的译文直接、简洁且准确,与宋江直抒胸臆的本意相符,强调了保护国家和人民的决心,这与原诗的忠义主题相符,可以让目的语读者清楚地了解宋江的壮志。登特-杨父子译文以 our one desire 起句,突出了"愿"。对于"平虏"的处理,fight 只是"战斗",并未达到"平"的程度,且 country's foe 也没有再现"虏"所具有的"入侵者"之意。两

---

① 施耐庵,罗贯中.水浒传(第4卷)[M].登特-杨(Dent-Young, J.),登特-杨(Dent-Young, A.)译.上海:上海外语教育出版社,2014:185+187.

个译文比照来看，沙博理的译文突出的是宋江想要"平虏"和"保民安国"的行为，好似一切已在计划之中，只差执行。登特-杨父子的译文停留在"愿"的层面，更多是在表达宋江的愿望，这个愿望飘在空中，似乎只是一个想法。

沙博理对"日月常悬忠烈胆"的翻译十分巧妙。本身"日月常悬"就是隐喻意义，用"日月"作为时间的象征，旨在表达对朝廷的忠心如日月一般常悬空中，若将"日月"意象译出，译文反而显得古怪。沙博理将其译为 constantly，传达出了时间上的持久性。"常悬忠烈胆"被创造性地传译为 burn with loyal ardor，burn 暗示着强烈的情感和不灭的精神，这也正是原文中"烈"字的含义。这一译法瞬间将"忠烈胆"形象化了，对国家的拳拳之心犹如燃烧的火苗，经久不息。这是一种有效的传译方式，可以让英文读者直观理解宋江的忠心和原词的情感色彩。登特-杨父子对该句的翻译情感色彩相对较弱，没有传译出"常悬忠烈胆"背后强烈的忠心报国之情。

在强烈的情感表达之后，该词的最后一句语气和缓。沙博理的译文还是采取"以我为主"的方式，will our hearts be fully at ease 仍然强调宋江的主体性，may 一词对应"望"，表达主观愿望。登特-杨父子将宋江的愿望转换为一种强烈的请求，plea 和 beg 两个词的运用与前文塑造的威风凛凛的宋江形象形成巨大反差，忠心之士的形象荡然无存。相比而言，沙博理的译文则体面得多。

整体来看，沙博理的译文句式更长，像气定神闲的老将在娓娓道来，we 作主语的句式以及几个 our 的运用，让译文颇有演讲词的味道。细想一下，在筵席之上，宋江兴起之时面对众好汉所作之词，也确实有几分演讲的性质。登特-杨父子的译文句式短促，个别词语的运用少了大将之风。

我们再看第七十二回中宋江所作的一首乐府词：

天南地北，问乾坤何处，可容狂客？借得山东烟水寨，来买凤城春色。翠袖围香，绛绡笼雪，一笑千金值。神仙体态，薄幸如何消得！

想芦叶滩头，蓼花汀畔，皓月空凝碧，六六雁行连八九，只等金鸡消息。义胆包天，忠肝盖地，四海无人识。离愁万种，醉乡一夜头白。

宋江携燕青、柴进等人进京寻求招安机会，燕青扮作旧相识与李妈妈攀谈，假说宋江是山东财主，愿以重金求得与李师师一见。在李师师家中饮酒时，李师师低唱苏东坡《念奴娇·赤壁怀古》词，宋江乘着酒兴，落笔写下这首词。

该词上阕前五句宋江诉说自己不为世道所容纳的遭遇，无奈之下投奔梁山，如今来到京城赏灯观景。然后笔锋一转，极尽对李师师的赞美之辞。宋江此次正是想通过李师师接触宋徽宗，传达想要接受招安的意愿。该词下阕宋江回顾在水泊梁山的日子，皓月当空，内心焦急等待朝廷降旨招安的消息。可四海之内没人能理解自己的忠义之心，思绪万千，只能借酒消愁，然而举杯消愁愁更愁，只消一夜，就已白发满头。

除了夸赞李师师的部分，这首诗基调忧郁，诉尽心中郁结。当然，宋江用最后五句再次表达了自己的忠义之心，但多了几分愁思，情感复杂，更像是宋江的内心独白。如何将这五句中复杂的情感译出，十分考验译者对宋江和整部《水浒传》的理解。我们看沙博理对这几句的翻译：

沙博理译文：

Our chivalry Heaven-embracing,

第四章　文化鉴中传

> Earth-shaking our loyalty,
>
> Yet recognized by none
>
> Within the Four Seas.
>
> Morose and sad at separation,
>
> I drink,
>
> And in a single night
>
> My hair turns white.[①]

在传译"义胆包天，忠肝盖地"时，沙博理将 Heaven 和 Earth 的首字母大写，两个词就不是仅指物理意义上的"天"和"地"，而具有了象征意义，代表了更高层次的力量。Heaven-embracing 巧妙地捕捉到了原文中"义胆包天"的英雄主义豪情，传达了一种雄心勃勃、超越尘世的壮志。Embrace 本意是拥抱，通常用来描述人或物体之间的亲密接触。沙博理采用这一表达方式，传递出一种广博、宏伟、高远的氛围，暗示主人公有着不可限量的壮志和追求，他的英雄主义情操宏大得仿佛能够包容整个天空。

下文跨行以 Earth-shaking 起，强调了宋江忠诚之心足以达到地动山摇的程度。值得琢磨的是，沙博理没有用 Our loyalty Earth-shaking 这一与上文对应的结构，而是将 Earth-shaking 置于前面。如果从形式层面来看，"义胆包天"和"忠肝盖地"对仗工整，"Our chivalry Heaven-embracing / Our loyalty Earth-shaking"可以完美再现这一形式特征，但沙博理并没有采用这种方式。沙博理在翻译诗词时常用跨行的方式突出关键信息，此处将 Earth-shaking 置于句首，很可能是想突出忠义的程度。同时，loyalty 置

[①] 施耐庵，罗贯中. 水浒传：汉英对照[M]. 沙博理 译. 北京：外文出版社，1999：2197.

于句尾，也可与下文 yet recognized by none 相连，突出忠义之心无人识。由此可见，沙博理对这八个字的处理极为巧妙。

"四海无人识"的译文中，沙博理同样采用跨行的方式，并把介词 within 置于句首，强调了"四海"的空间感。而且 within the Four Seas 的译法不免让人想到"四海之内皆兄弟"，更反衬了宋江的孤独。原文"离愁万种"没有明确"离愁"为何种情感，只是用"万种"描绘出情感的复杂。沙博理译文中将离愁明确为 morose 和 sad，是苦闷的，是悲伤的，直白地将宋江遮掩的情感表现出来。最妙的是用 I drink 单独成行，原文"醉"字具有了动态和实感，浮现出一个举杯而饮的孤独背影。此外，译文三行分别对应"醉乡""一夜""头白"，节奏拉长，音乐感更强，读者好似也随着宋江的娓娓叙述而进入忧愁的思绪之中。通过换行来引入新的思想或暗含时间的流逝，创造了停顿和强调的效果。每一行之间的间隔产生了呼吸感，为读者提供了思考的空间。这种停顿和延长使得整体的节奏更为悠扬，读起来更具有韵律感，引人入胜。

沙博理对这几句诗的处理层次分明，传译"忠"和"义"时豪情万千，Heaven-embracing 和 Earth-shaking 的表述准确、巧妙又形象。呈现宋江的愁绪时十分细腻，显化情绪的同时，又使得宋江形象更为立体，这种孤寂的形象又反衬出其忠义之心无人识的悲哀。从这几首词的英译，我们可以看到沙博理对宋江忠义思想的精准理解，以及在英译上所做出的努力。

中编　理定辞畅：现代诗歌英译品读

第五章　讽刺诗的叙事重构

沙博理所译的现代诗歌中以袁水拍的政治讽刺诗数量最多，不仅构成了沙博理唯一以单行本出版的译诗集，也是袁水拍政治讽刺诗的唯一译本。袁水拍的政治讽刺诗大致可分为两个时期：新中国成立前，其讽刺对象多为国民党政府及其统治下的社会乱象；新中国成立后，讽刺对象转为国际事件和西方国家的帝国主义行径。纵览沙博理的政治讽刺诗英译，巧妙之处不胜枚举，叙事重构和形象重塑最为鲜明。本章从叙事着手，赏析沙博理如何解构并重构原诗的政治叙事。

第一节　政治讽刺诗的叙事特征

叙事是人类交际、表达思想和情感的主要方式，任何一种文学体裁都具有叙事特征。上编探讨汉诗的叙事性时已经论及诗词自古以来的叙事传统，但诗词的格律和对仗在一定程度上束缚了古典诗歌叙事的发展。五四时期，新诗运动打破旧体诗的格律，不拘于诗句的长短，诗歌的形式发生变革，白话诗的叙事空间得以开放。茅盾谈及叙事诗时说道："从抒情到叙事，从短到长"是"新诗人们和现实密切拥抱之必然的结果"，是"新诗的再解放和再革命"①。可以说，叙事是新诗的重要特征。在探讨袁水拍政治讽刺诗的叙事特征之前，我们不妨来回顾一下中国文学中讽刺诗的发展历程。

一、从《诗经》到马凡陀

《毛诗序》论及诗之六义时有言："上以风化下，下以风刺上。主文而谲谏，言之者无罪，闻之者足以戒，故曰风。"②"下以风刺上"是说下层民众可以借助诗歌对上层统治者加以讽刺批判，《诗经》中就有大量的怨刺诗，先秦文学研究专家赵沛霖就曾指出："怨刺诗是'三百篇'的大宗"③。"怨刺诗"有"怨"有"刺"，既包含感叹身世、怨恨战争和不公平待遇的哀怨诗，也有揭露政治腐朽、讽刺社会黑暗的讽刺诗。《魏风·硕鼠》就是以"硕鼠"讽喻贪婪成性的剥削者，表达劳动者对剥削者的痛恨。

讽刺诗自古有之，从《诗经》到唐诗宋词，比如杜甫《赠花卿》最后两句"此曲只应天上有，人间能得几回闻"总被用于形容乐曲的美妙，但历来注家对此看法不一。有人认为此诗如字面意义一般，只是在赞美乐曲；有的注家则认为其有弦外之音，是在讽刺花卿僭越礼乐制度，用天子之乐。清代杨伦在《杜诗镜铨》中评注道："似谀似讽，所谓言之者无罪，闻之者足戒也"④，指明了该诗的讽刺意味。杜甫此诗讽喻的巧妙之处在于"柔中有刚，绵里藏针，寓讽于谀，意在言外，忠言而不逆耳"⑤。古代的讽刺诗不胜枚举，只要有讽刺对象，诗人就会以笔为矛而刺之。

到了近代，随着五四时期新文化运动的发展，白话诗摆脱旧体诗的形

---

① 茅盾.叙事诗的前途[J].文学（上海1933），1937（2）：414.
② 孔祥军 点校.毛诗传笺[Z].北京：中华书局，2018：1.
③ 赵沛霖.诗经研究反思[M].天津：天津教育出版社，1989：145.
④ 杨伦 笺注.杜诗镜铨[Z].上海：上海古籍出版社，1980：369.
⑤ 俞平伯等.唐诗鉴赏辞典：新一版[Z].上海：上海辞书出版社，2013：581.

式限制，成为当时的诗学主流，现代讽刺诗也随之产生，胡适、鲁迅、老舍等文学大家都曾投身到讽刺诗的创作中。鲁迅虽然不以诗作闻名，但有学者做过统计，已发现的鲁迅诗歌共 71 首，其中讽刺诗多达 32 首①，是动荡时期鲁迅反迫害、反"围剿"的内心写照。我们可以看一下鲁迅创作于 1931 年的《南京民谣》：

> 大家去谒灵，强盗装正经。
> 静默十分钟，各自想拳经②。

鲁迅的这首政治讽刺诗最初发表在期刊《十字街头》（1931 年 12 月 25 日）第二期，刊登时未署名，后收录在《集外集拾遗》。据《申报》报道，1931 年 12 月 23 日国民党四届一中全会的中央委员全体拜谒孙中山陵墓，但当时国民党内部派系之争愈演愈烈，鲁迅此诗意在讽刺国民党内部的权力斗争及其虚伪做派。这首诗短小精悍，语言直白，讽刺辛辣。此类的政治讽刺诗在当时十分常见，但从当时的整体文学态势来看，政治讽刺诗在 20 世纪二三十年代还处于低落期。

到了 20 世纪 40 年代，讽刺诗迎来了第一个高潮。关于这一文学现象，作家臧克家写道：

> 一九四一年以后一直到全国解放之前，讽刺诗成为新诗的主流，每一个诗人都写了大量的讽刺诗。这是时代使然，置身蒋管区，如果他真是一个诗人，就一定会写讽刺诗。③

---

① 刘扬烈.试论鲁迅的讽刺诗[J].西南师范大学学报（人文社会科学版），1979（1）：52-59.
② 鲁迅.鲁迅诗集[M].北京：人民文学出版社，2001：104.
③ 臧克家.学诗断想[M].成都：四川人民出版社，1979：94.

> 四十年代的讽刺诗,来势之猛,如爆雷滚滚;气魄之大,如潮水高涨;影响之大,如穿破层云的一道道阳光。①

动荡的社会现实催生了大量革命叙事诗歌,在20世纪40年代讽刺文学潮流中发展起来的政治讽刺诗是诗歌与政治密切互动的表现。可以看出,讽刺诗已成为当时诗歌创作的主流。在众多创作者中,袁水拍以其笔名"马凡陀"成为一位以政治讽刺诗而名世的诗人。

袁水拍最开始以本名"袁水拍"出版了几本诗集,如《人民》《向日葵》等。1946年10月,他以笔名"马凡陀"出版了诗集《马凡陀的山歌》,采用山歌、民谣的形式,以国民党统治区的市民生活为题材,讽刺国统区的各种政治和社会乱象。之后他继续以"马凡陀"之名出版诗集《马凡陀的山歌续集》和《解放山歌》。袁水拍开创了山歌体讽刺诗,其语言通俗易懂,讽刺辛辣,在当时广为流传,其中有的被改编为活报剧,有的被当作反抗国民党反动统治的标语,在当时具有很强的政治性和宣传效果。

新中国成立后,袁水拍以国际事件为素材,将矛头指向帝国主义的侵略本性,出版了《歌颂和诅咒》(1958)、《煤烟和鸟》(1958)、《春莺颂》(1959)等诗集。徐迟说过,袁水拍的诗歌"取得了在战场上不可能取得的另一种形式的精神世界里的革命战争的辉煌胜利"②,是富有时代特色的诗歌创作。我们且看一例:

---

① 臧克家.讽刺诗这朵花——《中国百家讽刺诗选》序[A].罗绍书 选编.中国百家讽刺诗选[C].贵阳:贵州人民出版社,1988:2.
② 徐迟.序言[A].袁水拍.袁水拍诗歌选[M].北京:人民文学出版社,1985:7.

第五章　讽刺诗的叙事重构

从炮灰里榨油

合众社消息：美国人寿保险商赶到黎巴嫩向美国侵略军兜售"战争保险单"。

侵略军炮灰来到中东，
个个人心里卜通卜通，
十五只吊桶七上八下：
哪一天还家乡？是吉是凶？

华尔街老板算盘精通，
几块钱军饷也不放松，
保险费叮当装进了荷包：
你卖命，我赚钱，咱们个性不同。①

　　袁水拍后期的多数政治讽刺诗都是以国际时事为话题，抨击、批判西方国家的帝国主义行径，可以明显看出该诗讽刺了美国资本主义发战争财的国际事件。

　　讽刺诗的文体特征决定了其内容必定会涉及大量的叙事，袁水拍政治讽刺诗所叙之事多为国际事件，这在为其英译提供空间的同时，也设置了障碍。1963年外文出版社以《中国的酱油和对虾——政治讽刺诗选》(*Soy Sauce and Prawns: Satiric Political Verse*)为题出版了袁水拍政治讽刺诗英译本，由沙博理翻译，华君武配插图，入选该译本的24首诗歌中有20首是针对国际事件而作的。这些诗歌具有鲜明的国际性、时评性和战斗性，

---

① 袁水拍. 政治讽刺诗[M]. 上海：作家出版社，1964：9.

无形中加大了对外翻译时调节叙事差异的难度，给译者造成巨大的认知挑战。

二、袁水拍政治讽刺诗的叙事特征

袁水拍政治讽刺诗的创作具有特殊的历史动因，或者说是应民族精神之需，受到该时期整个社会公共叙事的规约。所谓公共叙事，是指一定社会空间内的主流叙事，它"依附于公众、大于个体的结构性组织、主体间的人际网络或机构"①。不同时期、不同社会甚至不同领域都有其公共叙事。

1942年毛泽东《在延安文艺座谈会上的讲话》中提出文艺的目的是"为了人民大众"②，"革命文艺是整个革命事业的一部分"③，成为当时文艺工作的公共叙事。袁水拍正是在这一公共叙事规约下完成新诗创作。他从人民大众的日常生活中选取素材，采用通俗的山歌体，实现诗歌形式通俗化和叙事政治化的统一，符合文艺创作的公共叙事规范。在创作内容上，袁水拍"自觉地把小市民日常生活中的牢骚（例如对物价腾贵、住房困难的不满）引向反帝反国民党政权的总的革命目标"④。"总的革命目标"既是当时中国革命的实践目标，也是指引社会价值的公共精神目标。在袁水拍的政治讽刺诗中，人民群众、社会现实和国家命运紧密联系在一起，其政治叙事的大众表达旨在唤起群体性叙事认同，宣传并鼓励行动。由此可见，袁水拍政治讽刺诗根植于当时中国的社会结构和群体认知，其政治叙事内涵以该时期中国公共叙事为依托，呈现出鲜明的政治建构性。

---

① Somers, Margaret. Narrativity, Narrative Identity, and Social Action: Rethinking English Working-Class Formation [J]. Social Science History, 1992 (4): 604.
② 毛泽东.毛泽东选集（第3卷）[M].北京：人民出版社，1991：855.
③ 同上：866.
④ 钱理群，温儒敏，吴福辉.中国现代文学三十年（修订本）[M].北京：北京大学出版社，2018：495.

沙译本 Soy Sauce and Prawns: Satiric Political Verse 于 1963 年出版后（图 4），次年外文出版社推出由沙译本转译的西班牙语译本（图 5），诗歌本身的政治叙事是其被译为多种语言的主要原因。

图 4　沙译本　　　　　图 5　西班牙语译本

除沙博理之外，许芥昱在《二十世纪中国诗选》(Twentieth Century Chinese Poetry: An Anthology, 1963)中翻译过袁水拍的十四首新诗，但选译诗篇与沙博理译作无一重复，叙事定位也是大异其趣。我们可以比较一下两个译本对袁水拍诗歌的介绍，从而发现叙事主题间的差异。

> 马凡陀巧妙地模仿通俗歌曲，创造了新的小调。其诗歌幽默的秘诀在于对民间表达和俚语的高超运用。喜剧元素又因诗歌的真实性而得以加强，是一种简洁、接地气的大众表达方式。[1]

---

[1] Hsu, Kai-yu. Twentieth Century Chinese Poetry: An Anthology [C]. New York: Doubleday & Company, Inc., 1963: 374.

在黑暗的四十年代，袁水拍《马凡陀的山歌》反映了中国人民对帝国主义和国民党反动派的憎恨，并鼓舞人民战斗。这些诗歌的诗句出现在反饥饿和反内战游行的标语中，一些进步剧团也根据他的诗歌表演活报剧。这些诗歌成为当代斗争的组成部分。①

可以看出，许芥昱强调的是袁水拍诗歌的艺术表达，旨在展示20世纪中国诗歌的丰富性，也符合其著作的写作意图，是一种诗学叙事。这直接决定其选译的袁水拍诗歌大多艺术特色明显，例如译诗第二首《标题音乐》，袁水拍采用马赛克的方式，将报纸上出现的标题拼接在一起，呈现出明显的艺术特色，但此类作品未被选入沙译本。

与之相比，沙译本的"编者语"关注袁水拍诗歌对社会革命的推动作用，突出其政治价值。至于诗歌本身的文学特征，只在最后一句稍作提及："他的诗歌形式源于中国传统民间文学，写作风格尖锐辛辣，强烈表达了人民的情感和追求，为人民所喜闻乐见"。此句目的在于解释诗歌受欢迎的原因，并非叙述其文学手段。

从沙译本的选材和"编者语"可以看出，该译本具有表达国家立场的文本特征。文学作品中政治叙事对内的建构性越强，对外输出中要跨越的他者认知障碍越大，这对译者是不小的挑战。纵览沙博理的译文，叙事调整极其巧妙，同时又保持译诗的国家立场，是值得品读的佳译。

---

① Yuan, Shui-Po. Soy Sauce and Prawns: Satiric Political Verse [M]. Sidney Shapiro (trans.). Beijing: Foreign Languages Press, 1963.

第二节　寻求叙事认同

袁水拍政治讽刺诗的国家政治叙事特征自然会使得其与目的语叙事之间的差异扩大，如此一来，跨语际转换下获得目的语读者认同的难度增加。这一情况下，寻求共性是调节差异的必要策略，成为沟通差异双方的桥梁。

在跨文化交际视域下，翻译的基本功能是实现对话和沟通。对话和沟通的前提是存异，消灭差异意味着否定双方的个性；求同是最终目的，"同"并非单一和同一，而是基于人类思想通约的理解与认同。在翻译转换中，双方叙事差异越大，要面临的认知障碍越大，译者不能无视差异自说自话，也不能消除差异丢失自我，应积极寻求双方叙事的最大公约数，争取叙事认同。

在以文化差、认知差和时间差为显著特征的翻译活动中，特别是潜藏冲突的对外翻译和传播中，获取叙事认同是必要策略，要求译者精准把握源语和目的语的叙事共性，在此基础上，采取叙事重构手段建构译文。作为叙事的转换者，翻译是译者整合叙事资源、重构并传播叙事的过程。蒙娜·贝克（Mona Baker）结合叙事特征，提出翻译中叙事重构的几种手段，包括时空建构、文本素材的选择性采用、标示式建构和人物事件再定位[①]。在沙译政治讽刺诗中，我们发现沙博理在寻找叙事认同的策略意识下，采取上述手段对叙事框架、人物身份和事件情节加以重构，从而通向受众。

一、重构叙事框架

同一事件通过不同的方式框定，可以呈现不同的叙事立场。标题起

---

① Baker, Mona. Translation and Conflict: A Narrative Account [M]. London & New York: Routledge, 2006.

到统领和概括全文的作用,关系到作品的叙事基调。翻译转换中利用标题重构叙事框架可以实现事半功倍的建构效果。以讽刺美国"自由民主"的《祸延小孩》为例:

原诗:
祸延小孩

屠杀罗森堡,
迫害罗伯逊,
今天审记者,
明天抓工人,
早上封报馆,
晚上杀黑人,
美国统治者,
杀红了眼睛。

最近新鲜事,
怀疑小学生,
五岁到七岁,
可能闹革命,
颠覆合众国,
岂是小事情!
小孩要造反,
老师罪不轻。

第五章　讽刺诗的叙事重构

怕老又怕小，

疑鬼又疑神，

理亏的情虚，

体弱的嘴硬，

到处不稳定，

草木皆成兵，

什么最保险？

家家上铁门。

"自由世界"自由多，

老师要把监牢坐，

"自由世界"自由多，

五岁的孩子要上锁！①

沙博理译文：

Babes to the Barricades

Infant subversives,

They're news, they're hot,

Will they revolt

Or will they not?

(Naturally, their teachers too

Must answer legal process due.)

---

① 袁水拍. 政治讽刺诗 [M]. 上海：作家出版社，1965：39–40.

Outer bluster,

Inner dread,

Everyone a

Potential Red,

Seek them under

Every bed.

(Big and small,

Suspect them all.)

No matter if

They're five or six,

Those Communists

Are full of tricks;

Preserve our precious

Liberty,

Put kids and teachers

Under lock and key. ①

    1959年"非美活动调查委员会"认为加利福尼亚小学教员有在五岁到七岁的儿童中间搞颠覆活动的嫌疑,袁水拍以此事件为素材创作该诗。诗人在第一节控诉了美国统治者以往的霸权行为,以直白、辛辣的"美国统治者,杀红了眼睛"作为结尾句。诗歌在第二小节进入对主题事件的叙述。全诗简洁明快,通俗易懂,朗朗上口。沙博理对该诗采用拟译的翻译

---

① Yuan, Shui-Po. Soy Sauce and Prawns: Satiric Political Verse [M]. Sidney Shapiro (trans.). Beijing: Foreign Languages Press, 1963: 30–31.

方法，删除与主要情节关系不大的内容（第一节），按照西方人的思维方式将原诗的情节线索进行梳理，基于诗人的思想和风格"创作"了一首新诗。

原诗共四小节 28 行，拟译后为三节 22 行。译诗在视觉形式上发生了较大的变化，但这种形式的变化不仅没有使译诗失去诗性，反而使译诗取得了与原诗同等的功能。首先，原诗排列整齐，给人以诗歌的形态美；译诗长短句交替，符合英诗的排列方式，在视觉上给人以错综美。这样，形式的变化实现了译诗在视觉审美功能上的对等。再次，作为外译作品，对外宣传是主要目的，拟译使原诗以一种更加凝练的方式呈现在外国读者面前，可以让外国读者更加清楚地理解原诗的内容和讽刺意味。

从叙事来看，原诗以第三者视角叙述小孩遭受不公的境况，标题中"小孩"为宾语，是被动的受害者角色。沙博理译为 *Babes to the Barricades*（孩子们到街垒去），不仅改变了语义结构，变被动为主动，叙事框架也借助 barricade 这一叙事元素而被重新设定。据《韦氏大学英语词典》，barricade 源自法语 barrique "橡木桶"。1588 年巴黎爆发宗教暴乱，起义者将塞满泥土和石头的橡木桶置于街道中央用作障碍物以阻止敌方进入，史称 "First Day of the Barricades"（街垒的第一天）。此后，街垒不仅成为法国各大社会活动的重要角色，barricade 也传入西方其他国家成为常用词。1933 年西班牙工人改编《华沙工人进行曲》，重新填词并定名为《到街垒去》(*A las barricadas*，英文：*To the Barricades*）。它是西班牙最为著名的工人歌曲之一，表达了工人反抗压迫、争取自由和胜利的决心。至此，barricade 跨越时空障碍，成为争取民主自由的叙事元素。沙博理通过 barricade 一词将原诗标题重构为宏大的历史叙事框架，译诗与反压迫、争自由的叙事相关联，读者在熟悉的叙事空间下易于产生心理认同。此外，据《新牛津英汉双解大词典》，词组 go to the barricades 现专指强烈抗议政府或其他机构。沙博理用 babes 指代"小孩",小小婴童走上街垒抗议政府,突出了美国民众和政府之间的矛盾,叙事立场由此转变。

为配合重构标题的叙事框架,沙博理在译文中做出一系列细微调整。原诗为第三方客观叙事视角,始终采用"小学生""老师""自由世界"指代人物关系。译文用人称代词 they 指代"小学生",并提出"他们是否会闹革命?"(Will they revolt or will they not?)的反问句,叙事事件转而变为控诉孩子"罪行"的官方叙事话语。译诗最后一节更是将"'自由世界'自由多"重构为 preserve our precious liberty 的自我陈述话语,在借官方冠冕堂皇的自证之辞达到讽刺效果的同时,原诗批判国际事件的政治叙事空间被重构为美国"官方"指控孩子"罪行"的西方政治叙事空间,叙事空间的转换支持并强化了标题重构的叙事框架。通过重构标题的叙事框架,并配以诗歌内容的叙事空间转换,沙博理将诗人对美国的谴责转为美国的内部冲突,起到了深层次的政治建构作用,译文政治话语空间的张力增强。

二、定位人物身份

袁水拍政治讽刺诗涉及众多历史人物和政治事件,不同政治体制和文化下的读者有不同的人物识别方式,人物身份的定位直接影响读者对政治事件的解读。英国前首相莫里森于 1942 年以"为了他的健康"为由,释放了关押在牢的英国法西斯头目奥斯瓦尔德·莫斯里,袁水拍据此创作《为了法西斯的健康》,借多位历史人物讽刺英国首相,以其中一段为例:

原诗:
人们在慕尼黑的会议厅里,
排过一张富于营养的菜单,

第五章　讽刺诗的叙事重构

为了希特勒的健康！①

沙博理译文：

In a Munich banquet hall,
Chamberlain "fed" Hitler all he demanded
For the sake of the Fuehrer's health. ②

从叙事空间来看，原诗空间位于慕尼黑会议厅，"排过一张富于营养的菜单"是对空间内事件发生的戏剧性推测。沙博理添加历史人物张伯伦（Chamberlain），重构为空间内人物关系明晰的"张伯伦满足希特勒的所有要求"。英国前首相张伯伦在二战前夕对希特勒执政的纳粹德国实行绥靖政策，使法西斯主义气势大增，从而加速二战爆发。原诗只是谴责服侍希特勒的做法，译文不仅明确服侍之人，而且增译希特勒 demand 的主体行为，为目的语读者重新定位了叙事中双向的人物关系，译文叙事的客观性增强。沙博理在最后一句采用德语 Fuehrer（元首）替代"希特勒"，一是避免与上文已出现的 Hitler 重复，二是利用 Fuehrer 一词所具有的叙事功能，加深人物形象的塑造。Fuehrer 原意为"元首"，之后是希特勒任德国总理时的专门称谓，该词超越时空限制成为暴戾君主通用意象，可以在世界范围内产生叙事认同。1943 年反纳粹讽刺动画片 *Der Fuehrer's Face*（《元首的面孔》）获奥斯卡最佳动画短片，该片强烈宣传反法西斯思想，对纳粹主义和军国主义进行了无情的嘲讽。沙博理采用这一德语表达，利用反纳粹的叙事以增强讽刺效果，引发读者的叙事解读从而获取认同。这两处

---

① 袁水拍. 歌颂和诅咒[M]. 北京：作家出版社，1958：89.
② Yuan, Shui-Po. Soy Sauce and Prawns: Satiric Political Verse [M]. Sidney Shapiro (trans.). Beijing: Foreign Languages Press, 1963: 2.

巧妙的处理，通过对人物的重新定位明晰政治事件，消解原诗叙事的推测性和不确定性，又借助叙事关联性，使目的语读者的叙事解读与更高层级的叙事关联。

定位人物身份既可以如上例一般明确人物关系，也可以模糊具体人物以扩大叙事范围，以《美国招兵要打仗》中的一段为例：

原诗：
去打各地的"叛国者"，
去打"龌龊的苏维埃"。
谁要是爱自己的国家，
我们就打谁！①

沙博理译文：
Slaughter the "reds"

In every land,

Against all patriots

Take a ruthless stand.②

原诗讽刺美国大规模招兵备战的企图，"叛国者"和"龌龊的苏维埃"明确定位了美军的攻击对象，译文将两者转换为 reds 一词，原诗人物的所指范围扩大但政治含义更为清晰。在意识形态领域，red 作为隐喻符号，"是'共产主义'的代表色，也是全球社会主义国家共同体共同享有的表

---

① 袁水拍. 歌颂和诅咒 [M]. 北京：作家出版社，1958：92.
② Yuan, Shui-Po. Soy Sauce and Prawns: Satiric Political Verse [M]. Sidney Shapiro (trans.). Beijing: Foreign Languages Press, 1963: 10.

征色"①，red 已然成为全球范围的元叙事。译文采用 reds 重新定位"叛国者"和"龌龊的苏维埃"，将美军的攻击对象扩大为世界各地的共产主义者，配以动词 slaughter（屠杀），将原文中指向特定人物和情节的叙事，重构为更高层级、反映时代现状的元叙事，即当时美国与社会主义国家的对峙，深处时代洪流下的目的语读者也容易对此产生共情。

三、增设事件情节

对事件前因后果加以明确是表达叙事立场的重要方式，通过重新权衡和排列人物事件在内的各种叙事元素，可以产生不同的因果情节设置。袁水拍《大胆老面皮》(*Arrogant Villains*)一诗尖锐抨击美国的帝国主义行径，沙博理在译诗前添加副文本以设置因果情节，令讽刺有理有据。

> News Item: 1946. Although World War II has ended, America continues to station thousands of troops in China. Washington has supplied billions of dollars worth of arms to the Kuomintang reactionaries who are using them against the Chinese people.②

注释首句"尽管二战已经结束"将叙事框定于二战后的时代背景下。世界饱经战争摧残，二战结束意味着和平到来，但美国不顾世界潮流仍继续派部队前往中国。沙博理将美国对中国的野蛮做法上升到更高层级的世界和平问题，即美国的行径企图破坏二战结束后的世界和平成果。沙博理所设置的因果情节为译诗开篇将美军定义为 arrogant villains 提供了史实依

---

① 杨春芳.冷战时期美国左翼对毛时代中国红色文化空间的想象[D].武汉：武汉大学，2017: 58.
② Yuan, Shui-Po. Soy Sauce and Prawns: Satiric Political Verse [M]. Sidney Shapiro (trans.). Beijing: Foreign Languages Press, 1963: 4.

据和宏大叙事背景，译诗与全世界人民渴望和平的元叙事相关联，重新定位了叙事的事件等级。译诗从人类的共同利益出发，拉近目的语读者与译诗叙事立场的距离，减少读者的认知抗拒，从而赢得认同。

事件情节的设置也可以通过添加毋庸置疑的细节加以丰富，以达到强化叙事的效果。以讽刺美国军备竞赛的《美国招兵要打仗》为例：

原诗：

> 失业多，
> 怎么办？
> 救济所门口立个招兵站，
> 约翰，杰克，请进来！①

沙博理译文：

> Mass unemployment,
> What to do?
> Recruiting stations,
> "Uncle Sam Needs you;"
> Join up John,
> Join up Jack,
> Steady pay,
> A nice soft sack. ②

---

① 袁水拍.歌颂和诅咒[M].北京：作家出版社，1958：91.
② Yuan, Shui-Po. Soy Sauce and Prawns: Satiric Political Verse [M]. Sidney Shapiro (trans.). Beijing: Foreign Languages Press, 1963: 10.

原诗"救济所门口立个招兵站, /约翰, 杰克, 请进来!"是情节化表述, 沙博理借助 Uncle Sam Needs You 这一战争元叙事, 复现美国的征兵情节。美国一战征兵时, 画家詹姆斯·弗拉格（James M. Flagg）于 1913 年为公共资讯委员会创作了著名的"山姆大叔征兵"海报, 海报上的山姆大叔头戴星条旗纹路的高礼帽, 以无可置疑的神态伸出手指, 并配以文字 I Want You For U.S. Army。该海报被张贴在各大招兵站门前, 具有难以抗拒的鼓动力。据统计, 这张海报印刷了 500 万份之多, 成为人类历史上印刷最多的海报作品之一[①]。战争海报在世界范围内传播, "山姆大叔"的形象和招兵口号已然具有符号特征, 具有极强的辨识度, 成为该时代战争元叙事的一部分。沙博理添加 Uncle Sam Needs You 这一元叙事符号, 丰富了译文的叙事情节, 该口号的复现使译文直接进入目的语读者群体及其文化之中, 模糊话语空间中自我与他者的边界, 易使他者产生叙事共鸣。

从其英译可见, 沙博理借助元叙事在保持原诗政治叙事建构的同时, 实现了政治叙事的国际表达。这恰好印证了沙博理的翻译行为是其政治选择行为的结果和延续, 是其积极参与的国家翻译实践的体现。沙博理的个人经历构筑其独特的叙事身份, 游走于两种叙事空间之间使其具有间性思维。沙博理清醒地意识到自己的作用: "我不是什么大师, 我希望自己是一座桥, 能沟通中文和英文, 沟通中国和世界"[②], 这也促使他形成了开放包容的全球史视野和元叙事意识。

---

① 芦影, 张国珍. 设计史[M]. 北京: 中国传媒大学出版社, 2008: 79.
② 温志宏. 周明伟: 我与沙老的十年——中国外文局局长谈沙博理[J]. 今日中国, 2014（11）: 56.

第三节 传达国家立场

政治讽刺诗的翻译诞生于冷战语境下的国家翻译实践中，肩负着传达政治立场、增进外部认同的使命。新中国成立初期的红色文学外译具有深刻的政治和外宣性质，选取的作品大多描绘国内图景，宣传新中国的正面形象，而政治讽刺诗则不同，体现出鲜明的宣示国家立场之意图。因而，译文也需在目的语中传达国家立场，译者的介入就尤为重要。翻译的本质是一种跨文化对话，构建霍米·巴巴（Homi K. Bhaha）所言之"第三空间"，其中不同的文化和立场得以共存，呼唤译者主导的对话与协商。可以说，对话是翻译的本质，也是立场表达的内在属性，介入是实现对话的语言资源。下面我们鉴赏沙博理如何介入以传达国家立场。

一、外部观点的摘引：明晰政治站位

讽刺诗叙述政治事件，不仅有作者的声音，还摘引大量人物话语。沙博理主要通过精选引述动词、断引和添加直接引语三种策略，或明或暗地表明中国在国内外问题上的政治站位。

（一）精选引述动词

引述动词是一种"框定"被引话语性质的策略[①]，和中文的普遍用法一致。袁水拍政治讽刺诗的引述词多为中性意义的"说"，这就为译者的阐释留下了空间。

袁水拍创作的政治讽刺诗处于特殊的历史时期，目标之一就是向国际社会揭露美帝国主义的谎言。《"我是中国的朋友"》叙述了查获美国特务的经历，这名特务随身携带的中英文会话表上写着"我是中国的朋友"，

[①] Fairclough, Norman. Analyzing Discourse: Textual Analysis for Social Research [M]. London: Routledge, 2003: 53.

为了被抓获时可以用中文说出这句话。原诗其中两行讽刺道：

原诗：
  准备了一套建立"根据地"的阴谋，
  却还要说"我是中国的朋友"！①

沙博理译文：
  "I'm China's friend,"
  They'd the gall to claim,②

汉语的"说"是一个比较宽泛的动词，不含主观情感，需根据上下文语境理解作者的态度。此处结合"却还要"的反预期和事实的对比，蕴含着对特务"无耻谎言"的判断。沙博理采用 claim 一词，意为"自称，断言"，往往是说话人在没有证据的情况下自称。译文采用这一动词，浓缩了对谎言"毫无依据"和"无耻"的性质评价。

我们再看《苏丹青年》一诗。该诗叙述了1952年在维也纳举行的世界人民和平大会上，作者与一名苏丹青年的邂逅，这位青年展示了他携带的毛主席纪念章：

原诗：
  他说："我们也因为他而骄傲，

---

 ① 袁水拍.歌颂和诅咒[M].北京：作家出版社，1958：159.
 ② Yuan, Shui-Po. Soy Sauce and Prawns: Satiric Political Verse [M]. Sidney Shapiro (trans.). Beijing: Foreign Languages Press, 1963: 23.

我们完全同意他的意见。"①

沙博理译文：

"We agree completely with your Chairman Mao,"
He announced, gazing at it smilingly.②

原诗中多次出现青年的"说"，如他讲述英法等国在苏丹的暴行，译者将这些"说"都直译为 said，只有在此处译为 announce。这一看似不起眼的细节实际上是译者选择的关键之处。在一系列意思相近的词汇中的选择，反映了译者对原文的理解和价值立场。沙博理选择用 announce 来提升立场表达的语势，进一步强调非洲人民对中国的认同，并释放了与世界上所有爱好和平人民团结的信号。

（二）断引

断引指选择性引用他人话语的某一部分，并用双引号来标记，以强调话语的"他者性"，从而投射自身的疏远立场。讽刺诗在评论时事时也经常使用这一策略，再以《美国招兵要打仗》中的一节为例：

原诗：

哪一个国家人们多说话，
哪一个国家人民生活好，
哪一个国家黑人、犹太人也投票，

---

① 袁水拍. 歌颂和诅咒[M]. 北京：作家出版社，1958：64.
② Yuan, Shui-Po. Soy Sauce and Prawns: Satiric Political Verse [M]. Sidney Shapiro (trans.). Beijing: Foreign Languages Press, 1963: 17.

第五章　讽刺诗的叙事重构

美国的生活方式就受到威胁了。①

沙博理译文：
Nations without strife?
Threats to America's
"Way of Life." ②

上一节从叙事认同的角度品鉴过这首诗，该诗批判美国大规模备战，企图通过武装干预他国内政。"美国的生活方式就受到威胁了"的言外之意是，美国不能接受其他国家生活得好。沙博理采用断引的方式，并将 Way of Life 首字母大写，讽刺效果大大增强。一方面强调关注美国人民真实生活状况的需要，另一方面表达了对美国政府招兵话语的不认同，暗指美国政府的"生活方式"就是招兵打仗，折射出译者的评论意旨。

（三）添加直接引语

摘引往往借他人之口言自身观点。译者常将作者的单方面陈述改为对他人话语的引用，同时结合引述词和断引来反映自身定位，在效果上既能表达批判观点，也能证明观点的合法性。如1951年华沙召开的一次国际会议上，代表们就朝鲜战争问题谴责美国，《两个耳光》一诗将这一谴责称为"判决美国罪状"：

原诗：
两千个代表一致判决了

---

① 袁水拍.歌颂和诅咒[M].北京：作家出版社，1958：92-93.
② Yuan, Shui-Po. Soy Sauce and Prawns: Satiric Political Verse [M]. Sidney Shapiro (trans.). Beijing: Foreign Languages Press, 1963: 11.

新战争挑拨者的罪状。①

沙博理译文：

Two thousand cried:
"You started this war."②

译者将作者的简略转述改为直接引语"You started this war"，具有音响效果，使控告掷地有声。"判决了……罪状"将话语主体构建为铁面无私的法官，而译文使用的 cried 这一引述词则饱含受害者的义愤。毫无疑问，这场由美国挑起的战争中，中国正是最大的受害者之一。译者的改写，以国际代表的话语为证，支撑自身对美国的控告，并通过 cry 负载的情感，引发读者共情。

引入外部话语也可以与断引结合，还原反动派在国内的形象，如作于解放战争时期的《怎么办》一诗，其中有一段控诉反动派的暴行：

原诗：

奇不奇？怪不怪？
不讲道理讲强权，
学生店员抓起打，
爱用国货反有罪！③

---

① 袁水拍. 歌颂和诅咒[M]. 北京：作家出版社，1958：134.
② Yuan, Shui-Po. Soy Sauce and Prawns: Satiric Political Verse [M]. Sidney Shapiro (trans.). Beijing: Foreign Languages Press, 1963: 13.
③ 袁水拍. 马凡陀的山歌[M]. 北京：人民文学出版社，1995：177–178.

沙博理译文：

Students are beaten,

Salesclerks serve time,

"Buy Chinese"?

You're committing a crime. ①

对于不了解中国社会情况的西方读者，单声控诉国民党"不讲道理讲强权"很难引起共鸣，反而有灌输之感。因而译者转而呈现反动派的观点"爱用国货有罪"，邀请读者阐释。断引"'Buy Chinese'?"引起读者注意，也生动凸显了国民党的简单粗暴。下一行的自由直接引语，在被引话语之前没有任何标记，使阅读过程等同于听人物说话的过程②，因而you直接作用于读者，将其置于与受害者同样的位置，身临其境，如闻其声，激发读者对国民党反动统治的不满。

二、与不同立场读者的同盟

语篇在表达自身观点的同时，也是在邀请读者赞同或分享这一态度和观点，读者可能接受作者的观点，也可能是抵抗的态度。袁水拍的政治讽刺诗是面向中国读者的内部宣传，自然认为受众与其立场一致，然而译文面向构成更为复杂的国际受众，需要译者根据原文涉及的具体政治事件，调整自身观点表达的强度和可协商性，收缩或扩展对话空间，争取不同阅读立场下的读者认同。

---

① Yuan, Shui-Po. Soy Sauce and Prawns: Satiric Political Verse [M]. Sidney Shapiro (trans.). Beijing: Foreign Languages Press, 1963: 8.

② 申丹. 小说中人物话语的不同表达方式[J]. 外语教学与研究，1991（1）：13–18.

（一）强化读者认同

在预期读者会顺从并吸收原文观点的情况下，译者通过收缩对话空间，强化立场表达的情态和力度，从而进一步巩固与读者的团结。此处还以《为了法西斯的健康》为例，诗中评论道：

原诗：
> 说起来，这是怪事，
>
> 听起来，莫非人们疯了？
>
> 想起来，这种事情有的是。①

"说起来""听起来"的传闻性和"想起来"的主观性，都使得观点呈现出不确定性，而译者单刀直入，表明"释放法西斯是荒谬之举"这一观点无可争议。我们来看沙博理的译文：

沙博理译文：
> Ridiculous, of course,
>
> Who would be so insane?
>
> Yet some have done just that. ②

of course 将译文的评论自然化为被公众认可的观点，无形中强化了观点的说服力。而"Who would be so insane?"这一修辞问句属于独特的引发资源，既表明观点毋庸置疑，也凸显出读者意识，还能引发读者好奇。

---

① 袁水拍. 歌颂和诅咒[M]. 北京：作家出版社，1958：88–89.
② Yuan, Shui-Po. Soy Sauce and Prawns: Satiric Political Verse [M]. Sidney Shapiro (trans.). Beijing: Foreign Languages Press, 1963: 1.

作为回答，译者使用了反预期资源 yet，通过投射共同的反对立场与读者结盟，并引导其将注意力集中到批判对象身上。一问一答，表明语篇是在和读者直接对话，共享的对话空间为最后一节以"我们"的角度作出的立场宣告做好了铺垫：

原诗：

要直到法西斯不再健康，

打得它站不直身子，一命呜呼，

直到世界上再也没有它们的影踪为止！①

沙博理译文：

Only when

They're healthy no longer,

Only when

We've rid the world of fascists,

Only then

Will we stop.②

译者通过 Only then will we stop 的祈使语气、义务情态和倒装结构的前景化效果，再现原文语势，表明立场之坚决。译文清晰有力地宣告了中国人民与全世界人民团结一致、反抗压迫的立场，且阅读效果与口号相仿，让英语读者充分欣赏到中国民谣"短悍和诗化口语"③的文体风采。

---

① 袁水拍. 歌颂和诅咒[M]. 北京：作家出版社，1958：90.
② Yuan, Shui-Po. Soy Sauce and Prawns: Satiric Political Verse [M]. Sidney Shapiro (trans.). Beijing: Foreign Languages Press, 1963: 2.
③ 杨四平. 马凡陀：中国现代讽刺诗写作的重镇[J]. 中国现代文学研究丛刊，2001（2）：244.

从前例可见，强化共识是与国际读者沟通立场的有效方式，但是共识有赖于译者有意识的发掘。以《大胆老面皮》为例，这首诗作于解放战争时期，控诉美国的大肆干涉，最后两节写道：

原诗：

> 退出中国！
> 这是中国人民的呼声！
> 退出中国！
> 这也是美国人民的呼声！
>
> 美军呀美军！
> 赶快回家门。
> 中国要和平，
> 不要害人精！①

沙博理译文：

> The Chinese and American people
> All make the same demand:
> Get out of China,
> Yanks go home! ②

原诗结尾两行仅包含中国人民的话语，而译者采取了"中国人民和

---

① 袁水拍. 马凡陀的山歌[M]. 北京：人民文学出版社，1995：148.
② Yuan, Shui-Po. Soy Sauce and Prawns: Satiric Political Verse [M]. Sidney Shapiro (trans.). Beijing: Foreign Languages Press, 1963: 5.

美国人民一道"的视角,尤其是删除"害人精",使用美国人的地道用法Yanks来指称美军,从而维护英语读者的同盟。在同盟的基础上,译者强化了立场表达的语势,不仅包括all和same的代表性,还有demand的强硬性,并用祈使句表示不允许其他行为,通过彰显人民反战的迫切心声,反衬政府干涉不得人心。这一系列处理,清晰体现了译者的受众意识和寻求共识的策略。

(二)消解读者的抵抗

原作具有鲜明的批判性和战斗性,译者处理相关表述时需模糊化,从而避免与读者的直接冲突。例如,在批判美国掠夺他国文物的《美国强盗世家》一诗中,译者将结尾对美国的嘲讽"自己没文化,只会一个偷!"改为以虚拟语气呈现:What if your own country is culturally drab? 保留了不确定性,从而淡化了美国读者对"矛头所向"的感知。

立场协商不仅包括对自身观点的缓和,还往往结合对另一方认识的适当让步,共同作用,以消解读者抵抗立场。以《论"进攻性武器"》一诗为例,这首诗基于古巴导弹危机而作,批判美国毫无根据地指控古巴持有"进攻性武器":

原诗:

"揭竿而起"实在太原始,
骂它有"进攻性"恐怕说不过去,
新石器、旧石器时代一概没有见过铁,
难道那时节人人都只好屈膝?[①]

---

① 袁水拍.政治讽刺诗[M].上海:作家出版社,1964:88-89.

原诗表达相对迂回，实为讽刺美国对新旧石器时代的武器都恨不得冠上"进攻性武器"这一名号，译者结合让步和语气委婉的情态来传达这一立场：

沙博理译文：

> Though assaults with sticks and cudgels
> To a Stone Age man seemed fit,
> An "offensive weapons" label
> Would be stretching things a bit. ①

译者首先用 though 表现出对美国观点的适当肯定，欲抑先扬，为后两行的真实观点表达做铺垫。stretch things a bit 这一习语相较于原文语势更缓，从字面含义来看，指美国的指控"有点过分"，然而置于原语境下，读者可以感知其真实含义，即"非常过分"。译文使用 would be 的谦逊语气，只是表面上采取委婉表达，结合前文对美国荒谬观点的"让步"，具有独特的反讽效果。

对于阅读立场不明确的读者，译者会主动与读者开展对话，修辞性问句作为一种独特的引发方式，无损于观点的确定性，却能凸显读者在对话中的位置，是常用的一种策略。例如，《"自由的艺术"》一诗讽刺西方社会的贫穷问题，作者从旁观者视角描述在伦敦街头乞讨的无名画家，写道："是乞丐却学过绘画／是画师却等待施舍"。这两处"却"，并非意在反驳，而是表达画师和乞丐双重身份间的对比。译者基于这一意旨，改述为选择疑问句：A beggar who's learned to paint? / Or a painter who's learned to

---

① Yuan, Shui-Po. Soy Sauce and Prawns: Satiric Political Verse [M]. Sidney Shapiro (trans.). Beijing: Foreign Languages Press, 1963: 38.

beg？由于 or 后的停顿，阅读节奏使得第二个选择 a painter who's learned to beg 成为语义重心，强调了画家沦落到以乞讨为生的真实现状，与原文的评论姿态相比，扩展了与读者的对话空间。通过问句邀请其领会并阐释这一事件所反映的深刻社会矛盾，增进了阅读参与度，也促进读者认同对西方的批判立场。

沙博理英译政治讽刺诗对当下"讲好中国故事""传播好中国声音"的启示有三：第一，译者应拓展全球史视野，形成寻求叙事认同的意识，在差异认知和调节的基础上，"让两种语言文化都放下以自我为中心的架子，就彼此之间的差异性在平等的基础上进行沟通与交流，实现话语空间的对话性"[①]；第二，对外传播要注重国际表达，实现叙事手法的外向接轨，这是利用融通中外的语言传递国家立场的必要前提；第三，应重视并充分挖掘沙博理此类优秀翻译家的翻译案例，建设叙事重构案例库，用于对外传播专门人才的培养。

[①] 张格兰，范武邱."第三空间"视阈下中国外交话语（2012—2020）翻译研究［J］.上海翻译，2021（4）：25.

第六章　讽刺诗的形象重塑

　　文学作品中的形象是作者进行艺术创造后具有一定思想性的艺术形象，是文学作品的有机构成部分。袁水拍的政治讽刺诗刻画了多种人物形象，诗人既借助形象讽刺种种事件，也以形象拉近与读者的距离。汉英转换时，重塑原诗形象关系到译诗的讽刺效果和情感传达。

第一节　讽刺诗的形象之用

　　讽刺诗必有讽刺对象，不论此对象是有形还是无形，诗中总会有其踪影。被讽刺者有的是直接以其"真身"在诗中显形，我们可以看一下鲁迅1932年创作的《"言辞争执"歌》，以其中几句为例：

> 只差大柱石，似乎还在想火拼，
> 展堂同志高血压，精卫先生糖尿病，
> 国难一时赴不成，虽然老吴已经受告警。①

---

① 罗绍书 选编.中国百家讽刺诗选[C].贵阳：贵州人民出版社，1988：10.

第六章　讽刺诗的形象重塑

鲁迅直接将吴稚晖、胡汉民、汪精卫等人写入诗中，讽刺国民党各派系之间的角力，讽刺直接，不遮遮掩掩。

还有一些被讽刺对象是以其他形象在诗中出现，如《诗经·魏风·硕鼠》就是将剥削者刻画为贪婪的硕鼠形象。白话诗第一人胡适于1919年创作了《乐观》一诗，该诗也可视作一首讽刺诗。我们可以看一下第一节：

"这棵大树很可恶，
　他碍着我的路！
来！
　快把他斫倒了，
　把树根也掘去。——
　哈哈！好了！"①

胡适将被查封的《每周评论》比作大树，将查封者比作砍树的人，讽刺了《每周评论》被查封一事。形象塑造对于讽刺诗来说至关重要，在一定程度上，诗中形象是否鲜明、喻体是否鲜活生动都关系到讽刺的效果。不仅如此，在形象学的理论研究中，形象不仅是文学作品中的人或物，还是"关于某一个体、群体、民族、国家的心理、话语表述和看法"②。因而，在比较文学形象学中，中国的域外形象一直以来是重要研究课题。

文学或非文学作品中的他者形象一旦呈现，就会通过各种传播媒介产

---

① 罗绍书 选编.中国百家讽刺诗选[C].贵阳：贵州人民出版社，1988：3.
② Leerssen, Joep. Imagology: History and Method [A]. In Beller, Manfred & Joep Leerson (eds.). Imagology: The Cultural Construction and Literary Representation of National Character [C]. Amsterdam & New York: Rodopi, 2007: 29.

生一定程度的影响。在各民族文化互动的历史上,翻译是建构他者形象的重要媒介。文学作品一经翻译,其中所蕴含的文化形象也被转换到另一语言之中。翻译中的形象无法做到与原文本形象完全相同,这种被翻译后的形象在目的语文化中经各种媒介不断传播,使得文学化的形象经社会系统运作后,有时可能成为代表源语民族或文化的固定形象。利玛窦等传教士汉学家通过翻译四书五经在西方所建构的孔夫子形象,就形成了西方长久以来对儒家文化的固定认识,这是一种典型的他者形象。

从形象学理论来看,袁水拍政治讽刺诗中的多重形象不仅关涉讽刺效果,也在建构着他者形象。袁水拍的政治讽刺诗在内容上以反映国内国际时事为主,主题上多以讽刺帝国主义罪行、抒发对第三世界人民的同情为主,刻画了众多反映其他国家、民族、社会或文化的他者形象,而自我形象则出现较少。"他者是指称不同于主体和自我的一个对立面的存在"[1],他者形象的建构映照着自我形象的形成。所以说,袁水拍诗中建构的他者形象,一方面意在突出讽刺对象,强化讽刺效果;另一方面,通过他者形象的塑造,诗人无形中也建构了与他者形象相对应的自我形象。

根据情感态度可将讽刺诗中的他者形象进一步分为正面形象与负面形象。正面形象包括苏丹青年、底层劳动人民等,这些正面形象虽然也是他者形象,但往往与自我形象处于同一方。负面形象多以国民党反动派和西方帝国主义为喻体,如猫、狼、老虎等动物形象,这些他者形象都是站在自我形象的对立面。由于原诗中的各种形象或蕴含讽刺内涵,或传达作者感情,且不同形象在不同文化背景下具有不同的现实含义,译者对形象的理解与处理则会直接影响原诗的讽刺效果。而且,译本呈现的他者形象或自我形象并非完全是原文形象的镜面反射,而可能在不同行为主体(译

---

[1] 杨乃乔. 论比较诗学及其他者视域的异质文化与非我因素[J]. 北京大学学报(哲学社会科学版), 2007(1): 104.

者、赞助商、出版机构等）的操纵下与原文形象产生偏离。

第二节　正面形象的强化

袁水拍塑造的正面形象包括反抗者的愤怒形象、第三世界爱国者的形象等，如《苏丹青年》中爱憎分明、坚定赤诚的苏丹爱国青年形象，《向伟大的和平战士的英灵致敬》中誓死不屈、庄严赴死的战士形象以及《把杀人犯套上锁》中愤怒勇敢、奋起抗击的被压迫者形象。通过塑造一系列的正面人物形象，袁水拍在诗中讽刺政治时事和反动人物，同时令读者对正面形象抱以同情和肯定，继而实现情感效果。

沙博理在处理这些正面形象时，借助修饰调整等手段进一步强化了正面人物的形象特质，以《把杀人犯套上锁》的一节为例：

原诗：
  我们愤怒！
  我们控诉！
  我们向全世界人民高呼：
  "起来，把杀人犯套上锁！"①

沙博理译文：
  Furiously,
  We accuse;

---

① 袁水拍. 歌颂和诅咒[M]. 北京：作家出版社，1958：142.

> To the people of the whole world
>
> We shout:
>
> Arise,
>
> Destroy this fiend. ①

原诗控诉美帝国主义在朝鲜战争的暴行。为更好塑造人物形象，袁水拍大量运用修饰成分，使原诗内容更具感染力。"愤怒"是对主语"我们"情绪状态的修饰，"控诉"是"我们"的行为，"起来，把杀人犯套上锁！"是反抗者高声呐喊的内容，这三部分共同构成了对第三世界被压迫者形象的描写。沙博理翻译时舍弃了原诗"我们"三句话的排比结构，用副词 furiously 起句且单独成行，先将情绪抛给读者，让读者进入情绪之中，再叙述动作行为 accuse，将原诗的焦点"我们"在译诗中转移到情感 furiously 之上。这一译法通过情绪描写塑造人物形象，实际上强化了第三世界爱国者的激愤勇敢、顽抗不屈的形象。

下一句中沙博理将"我们"的呼喊对象"全世界人民"提前，同时将 we shout 另起一行处理，译诗的画面感更为强烈。在全世界人民面前，站着几位振臂高呼的爱国者，用 the whole world 突出了 we，这一处理使得原诗中爱国青年愤怒的形象在译诗中被放大，情感更为强烈。

除了强化人物情感以凸显形象之外，沙博理还通过增译的方式加强人物形象的塑造，以《苏丹青年》第一节为例：

---

① Yuan, Shui-Po. Soy Sauce and Prawns: Satiric Political Verse [M]. Sidney Shapiro (trans.). Beijing: Foreign Languages Press, 1963: 15.

第六章 讽刺诗的形象重塑

原诗：

在维也纳和平大会上，
我认识了一个黑种青年。
我们和他时常坐在一起，
亚洲和非洲肩并着肩。①

沙博理译文：

At the Peace Conference in Vienna
I met a handsome young Negro;
Often we sat together,
Asia and Africa, shoulder to shoulder.②

《苏丹青年》创作于1953年，当时苏丹国内发生了一系列反抗英国与埃及殖民者的民族独立解放运动。袁水拍在这首诗中塑造了一位正气凛然、愤怒勇敢、爱国如家的苏丹青年形象，是袁水拍政治讽刺诗中少有的正面形象。在译文中，沙博理将原诗第二句译为 I met a handsome young Negro，首先我们对 Negro 一词做一番解释。我们都知道该词具有种族歧视含义，但在该译文出版之时，也就是20世纪60年代初期，Nergo 一词并没有被普遍视为带有明显的种族歧视色彩。Nergo 成为种族歧视词语的过程并不是突然发生的，而是随着时间和社会的变化逐渐发展。该词本意指黑色或黑人。在18世纪和19世纪初，这个词语在英语中被广泛用来描述非洲裔人群，但当时并没有贬义。在美国奴隶制度时期和种族隔离时

---

① 袁水拍. 歌颂和诅咒[M]. 北京：作家出版社，1958：61.
② Yuan, Shui-Po. Soy Sauce and Prawns: Satiric Political Verse [M]. Sidney Shapiro (trans.). Beijing: Foreign Languages Press, 1963: 16.

期，Negro 这个词被用来强调非洲裔美国人的不平等地位。到了 20 世纪中期，随着美国民权运动的兴起，人们对种族歧视和种族隔离的反抗增强，Negro 一词开始被视为带有贬义。在 20 世纪 60 年代末和 70 年代初，许多非洲裔美国人开始倡导使用 Black 替代 Negro，以表达他们的身份自豪感，并摆脱过去的歧视历史。因而，在沙博理译文出版的 1963 年，Nergo 一词还是会被用作对非洲裔美国人的正式称呼，而并非带有明显的种族歧视色彩。

可以看到，沙博理增加了形容词 handsome 以描述苏丹青年的样貌。handsome 常用于形容外貌上吸引人，是十分正面的表达。当时苏丹争取民族独立的正义行为在英语国家鲜受支持，而我国在国际上发声支持亚非国家的民族解放运动，因此，handsome 一词树立了苏丹人民英勇、美好的他者形象，同时也是政治态度的传达。

再来看这首诗的最后一部分：

原诗：

在维也纳和平大会上，
我认识了一个黑种青年，
他的眼睛像黑夜的星星，
他的模样儿英俊又矫健。

有一天他拿一件东西给我看，
从他胸前的口袋里面：
一个纪念章，带着他的体温，
上面有我们毛主席的容颜。

第六章 讽刺诗的形象重塑

他高兴地把它托在手中,
黑色的手更衬得它金光耀眼。
他说:"我们也因为他而骄傲,
我们完全同意他的意见。"

年轻的脸上展开一个微笑,
他仔细地看着,一遍又一遍……
我将永远不忘记他的喜悦,
这爱国的苏丹黑种青年。①

沙博理译文:

He showed me a golden commemorative badge,

Stamped with the image of Mao Tse-tung;

"We agree completely with your Chairman Mao,"

He announced, gazing at it smilingly.

At the Peace Conference in Vienna

I met a young Negro with eyes like stars;

Whenever courage and pride are mentioned,

I think of this patriot from the Sudan.②

原诗的这一部分描写苏丹青年微笑地看着毛主席纪念章,他的喜悦让

---

① 袁水拍. 歌颂和诅咒[M]. 北京:作家出版社,1958:63-64.
② Yuan, Shui-Po. Soy Sauce and Prawns: Satiric Political Verse [M]. Sidney Shapiro (trans.). Beijing: Foreign Languages Press, 1963: 16–17.

"我"无法忘记。袁水拍在原诗中用四小节描写苏丹青年和毛主席纪念章之间的故事,沙博理将其压缩为两小节,虽然将原诗中的部分情节简化,但苏丹青年的形象却得到进一步强化。

首先,沙博理将"他说"译为了announce,该词明确了苏丹青年的立场,他是与中国站在一起的兄弟形象。此外,沙博理增译了"Whenever courage and pride are mentioned, / I think of this patriot from the Sudan"。首先,courage和pride进一步强化了苏丹青年的形象。原诗虽然对苏丹青年着墨更多,但没有对其品质的定性描写,更多是通过苏丹青年的话语让读者自行感受。沙博理在译文中直接将苏丹青年与courage和pride画等号,苏丹青年的正面形象十分明确。其次,下一句中通过"我"和苏丹青年的对话让读者自行感受苏丹青年的勇敢、坚定,而沙博理在译文最后一节直接对苏丹青年的形象做出了总结,是一位有勇气(courage)、有骨气(pride)的爱国者(patriot)。

沙博理采用这种方式塑造苏丹青年形象是有一定政治和文化因素考量的。当时中国的读者出于对亚非拉国家解放斗争的支持,哪怕袁水拍通过对话的方式,中国读者也能感受到苏丹青年的勇敢、坚毅等积极品质。但将这一形象译入英语时,不同的政治立场和文化语境会使目的语读者在理解时产生形象偏差,如果还采取让读者自行体会的话语方式,正面形象存在被阐释为负面形象的可能。因而,沙博理直接在最后一节对苏丹青年做出定性描写,消解形象变异的可能性,这一译法对于当前外宣翻译具有借鉴价值。

再看《向伟大的和平战士的英灵致敬》中的一段:

原诗:

  "别让我们的爸和妈

    遭到什么不幸吧!"

第六章　讽刺诗的形象重塑

我看见他们的小手

艰难地在纸上写着这句话；

六十五岁的老祖母

昏倒在孩子们身边。①

沙博理译文：

"Don't let anything happen

To our Papa and Mama...."

I see the letter they penned

In their childish scrawl,

Their sixty-five-year-old grandmother

Standing bravely at their side. ②

原诗中"老祖母"是一个脆弱、无助的老年人形象，面对年轻夫妇的遇难，这位年迈的母亲昏倒在孩子身边。沙博理在译文中将其改写为standing bravely，老祖母的形象瞬间从脆弱变为坚强，勇敢地站在孩子身边，为他们提供力量和支持。从形象角度来看，原诗更多是在塑造受害者的形象，从年轻夫妇，到两个孩子，再到老祖母，通过描写受害者的悲惨揭露和控诉施害者的残暴。沙博理在译诗中想要凸显受害者的坚强和勇敢，因而对"老祖母"这一形象做出了改写。

形象建构在对外宣传中具有重要作用，沙博理对正面形象的重构对外宣翻译具有借鉴意义。中西思维方式的差异以及政治、文化语境的不同，

---

① 袁水拍. 歌颂和诅咒[M]. 北京：作家出版社，1958：69–70.
② Yuan, Shui-Po. Soy Sauce and Prawns: Satiric Political Verse [M]. Sidney Shapiro (trans.). Beijing: Foreign Languages Press, 1963: 19.

难免使得形象在译介过程中发生变形，这时就要求译者熟悉西方的思维方式和叙事模式，灵活地处理形象，必要时可以加以改写，最终目的是让所塑形象被英语读者接受。

第三节　负面形象的重构

袁水拍创作的政治讽刺诗多以讽刺政治时事、国民党反动派黑暗统治、帝国主义压迫本质与残忍罪行为主，负面形象构成了袁水拍政治讽刺诗的重要部分，如《一只猫》中对内残忍凶横、对外谄媚奉承的国民党反动派形象，《祸延小孩》中惨无人性的帝国主义形象等。沙博理在还原形象负面特征的基础上，通过意象改写等方式对负面形象加以重构，增强了负面形象的表达力。

一、意象改写

文学作品中形象的刻画有赖于意象的建构，袁水拍借助特定意象刻画出负面的人物形象，使得表达生动，强化讽刺效果，从而更易于读者共情。若将这些意象原封不动地译入目的语，西方读者未必能领受其中意蕴，因而有必要做出改写。我们看沙博理翻译的《一只猫》：

原诗：

军阀时代：水龙、刀，

还政于民：枪连炮。

镇压学生毒辣狠，

看见洋人一只猫：

第六章 讽刺诗的形象重塑

妙呜妙呜，要要要！①

沙博理译文：

    Fire hoses, swords,

    Marked the warlord era;

    Artillery, rifles,

    Chiang does it better;

    Towards Chinese students

    A wolf's ferocity,

    Towards foreign bosses

    Feline docility;

    Boot-licking pussy,

    Eyes that adore,

    "Money, please, money,

    More, more, more."②

    这首诗在短短五行中刻画出国民党反动派对内、对外截然不同的双面形象：在劳苦民众、学生面前残酷凶恶、横行霸道，在帝国主义面前则变为乖顺的小猫。作者通过双重形象的鲜明对比，讽刺国民党统治集团。沙博理将"看见洋人一只猫"译为"Towards foreign bosses / Feline docility"，原文的"洋人"被改写为 foreign bosses。根据语境，原诗中的"洋人"显然指代的是当时对中国采取"扶蒋反共"政策的美帝国主义，而非广泛意

---

① 袁水拍.马凡陀的山歌[M].北京：人民文学出版社，1955：41.
② Yuan, Shui-Po. Soy Sauce and Prawns: Satiric Political Verse [M]. Sidney Shapiro (trans.). Beijing: Foreign Languages Press, 1963: 3.

义上的"西方人"。这一意象改写将帝国主义与国民党政府之间相互勾结的丑态显化，传达了"洋人"这一意象的真正内涵，重塑了国民党政府在帝国主义面前阿谀谄媚、奴颜婢膝，却在劳苦大众面前残酷镇压、耀武扬威的形象，辛辣而又尖锐。

除了对原文意象进行替换，沙博理还增添意象以强化形象。增添的第一个意象为 Chiang，以 Chiang（蒋介石）代指国民党政府。袁水拍原诗面向的读者是当时国内的广大民众，这些读者自然了解诗歌第一、二句中"镇压学生毒辣狠"的是国民党政府。然而译文的目标读者是广大英语国家的受众，由于对当时中国国内的情况缺乏了解，他们并不一定清楚国民党政府在中国的所作所为，因此增加 Chiang 这一意象，可以让英语读者很容易了解这一意象背后代表的统治集团，自然也可以像中文读者一样了解诗歌前文的施暴者为国民党政府，简洁而巧妙。

此外，原文"看见洋人一只猫"只含有"猫"一个意象，这一意象在诗句中的言外之意是谄媚、讨好、逢迎，与上一句"毒辣狠"形成强烈对比，讽刺了国民党军队在学生面前威风、在帝国主义面前谄谀奉承的嘴脸。沙博理将其翻译为"Towards Chinese students / A wolf's ferocity, / Towards foreign bosses / Feline docility"，feline 对应原文"一只猫"，译者增加的 wolf 这一意象有"凶残、蛮横、暴戾"等含义，凸显了国民党统治集团在人民面前粗暴残忍的本质，效果上强化了其对内横行霸道、残酷野蛮的形象。而且，feline 与 wolf 两个截然不同的意象相组合，再次突出了国民党政府在西方帝国主义面前阿谀奉承的形象，对内、对外两种形象构成鲜明对比，重构了国民党反动派残忍狡诈、毫无立场的双面形象。

下一句中"Boot-licking pussy, / Eyes that adore"是沙博理的创造性增译，原诗中并没有这一内容。这两句是对"猫"的细节刻画，pussy 是 feline 的同义词，通过相同含义的重复来加深读者心中国民党政府谄媚的形象。boot-licking 为动作细节的增添，描绘了猫舔舐主人靴子的姿态，富有画面感。eyes 在译文中刻画的是猫乞怜阿谀的眼神，这一极具戏剧性的细节刻画使得"猫"的形象更加立体鲜活。money 的增加直接向读者交代了国民党统治集团向美帝国主义政府乞求援助的丑态，揭露两者之间相互勾结的关系。从 boot-licking 的动作细节到 eyes that adore 的神态细节，这两处视觉效果强烈，强化了"猫"趋附卑贱的形象。另外，译诗后四行中［ɔː］的尾韵使发音时间延长，且"more, more, more"颇有猫咪"妙呜妙呜"的拟声效果，所建构的形象通过听觉效果进一步强化，妙不可言！

原诗的讽刺效果大部分是借助两种形象的反差来实现的，沙博理对意象的改写进一步突出国民党统治集团对内、对外的不同形象，有力讽刺了国民党的双面做派。

二、叙事调整

人物形象的塑造与叙事也有着密切的关系，文学作品中同一人物采用不同的叙事方式往往会给读者留下不同的印象。在袁水拍的政治讽刺诗中，有时以第三人称叙事视角叙述国民党反动派或帝国主义的暴行，有时也会以第一人称"我""我们"反讽国民党政府或帝国主义，最终目的都是塑造负面形象，实现讽刺效果。在译诗中，沙博理并没有拘泥于原诗人称的限制，而是通过对人称进行恰当转换，调整叙事视角，增强人称主语的特质，实现对人物形象的重构。以《"我们的信仰"》首尾两节为例：

原诗：
只有我们相信，
只有我们崇拜，
一切老的、旧的、古的，

一切不会动的。

…………

只有我们相信，

只有我们崇拜，

最美的是静止，

最安全的是坟墓。

最合法的是白痴，

最正常的是倒退，

最理想的是奴才，

只有我们相信只有我们才对。①

沙博理译文：

"Only we believe,

Only we venerate:

Everything old, ancient, antique,

All that is static.

…………

"Only we believe,

Only we venerate:

Stagnation—our pleasantest state,

The grave—ultimate in safety,

Paralysis—our best legality,

---

① 袁水拍. 马凡陀的山歌[M]. 北京：人民文学出版社，1955：131-132.

第六章　讽刺诗的形象重塑

Retreat—utmost normality,

Slavery—our highest ideal;

Only we believe

That only we are right."[①]

原诗创作于1946年，讽刺国民党统治集团的反动思想。开篇的"只有我们相信，只有我们崇拜"均为第一人称，作者使用这一人称的优点在于拉近叙事距离，可直白反映国民党"信仰"的荒谬、统治手段的惨绝人寰，以达到尖锐、深刻的讽刺效果。为了使读者清楚这一人称的所指，袁水拍借助给标题中的"我们"添加双引号的方式，暗示这一人称实指国民党当局，配合下文"只有我们相信，只有我们崇拜"，揭露国民党政府对进步思潮的压制和对落后愚昧思想的追捧，批判其黑暗统治。此外，沙博理将标题译为 Their Creed，以第三人称替换第一人称，并添加译者注释"1946. A barb against the reactionary philosophy of the Kuomintang ruling clique."，而将原文标题中的双引号转移到译诗正文中去，保留了原诗正文的第一人称。这种叙事调整在明确作者立场是对立面的同时，也没有消解对"我们"形象的塑造。

从叙事效果上分析，译诗标题借助第三人称将人称代词与诗中的叙事主人公分离，以旁观者视角实现对国民党政府的客观揭露与讽刺，正文又采用原诗的第一人称，借助"人称代词与诗中的叙事/抒情主人公合一"[②]来调整视角，增强人称主语的特质。相比原诗从头至尾采用第一人称，译文通过从第三人称客观视角到第一人称视角的转换，加强了人称主语（国

[①] Yuan, Shui-Po. Soy Sauce and Prawns: Satiric Political Verse [M]. Sidney Shapiro (trans.). Beijing: Foreign Languages Press, 1963: 6.

[②] 王泽龙，李小歌. 五四时期汉译英诗与新诗词汇的现代建构[J]. 学习与探索，2023（1）：161.

民党政府）的立体性与多面性，强化了形象构建。受社会文化背景的影响，即使原诗并没有直接点出"我们"是谁，中文读者结合诗歌正文也可轻易了解这一人称所指为国民党政府。如果译文完全忠实原文，采用第一人称，英语读者可能会觉得过于模糊，不知其所云；但译者借助人称的调整，将叙事视角从第三人称转换为第一人称，配合译者注释，目的语读者便可了解人称主语所指，实现了讽刺诗的揭露与批判功能。

除了人称的转换，译文与原文最大的不同之处在于语序，译者对语序的处理同样强化了人物形象的塑造。原诗最后两节的结构相似，"最……是……"的结构重复五次。沙博理的译文将结构调整为名词前置的形式，这样一来，"我们"所信仰的内容（静止、坟墓、白痴、倒退、奴才）被前置，叙事中心从汉语的句尾变为英语的句首。译文经过对语序的恰当调整，不仅符合英语的叙事习惯，而且名词定性描写的前置着重强调了国民党政府落后迂腐的特质，呼应了译者注释中 the reactionary philosophy of the Kuomintang ruling clique，强化了他者形象。

从译者身份上讲，沙博理供职于中国外文局，属于典型的国家翻译实践机构内的"制度化译者"。因此，沙博理在翻译时，强化了正面形象爱国、坚毅的特质，突出了负面形象压迫、剥削的特征，体现了其服从于国家对外宣传的政治诉求。从文化政策上看，当时中国的文艺政策是鼓励反映国内生产建设、革命政治等题材的现实主义作品出版，目的在于"巩固新生的无产阶级政权，宣传社会主义和共产主义思想，揭露和抨击资本主义、帝国主义"[1]。沙博理在译文中强化正面形象和负面形象，突出了原诗政治效果，符合这一时期文艺政策的要求。

---

[1] 滕梅，曹培会.意识形态与赞助人合力作用下的对外翻译——外文局与20世纪后半叶中国对外翻译活动[J].解放军外国语学院学报，2013（3）：76.

第七章　歌谣韵味的变奏

歌谣是一种古老又充满生命力的文学形式，承载着人们的情感和回忆。在沙博理翻译的现当代文学作品中夹杂着各种形式的歌谣，如情歌、民谣等。虽然这些歌谣分布较为零散，但将其整合在一起加以品味时，便能发现沙博理独到的翻译为这些歌谣所带来的活力与生机。

第一节　歌谣翻译的难点

"有章曲曰歌，无章曲曰谣"，《韩诗章句》中的这一论述明晰地区分了歌与谣这两种形式。这种区分并非仅是对于音乐形式的划分，更是对于文学审美标准和社会价值观念的反映。随着时间的推移，歌谣这一原本被边缘化的文学形式在20世纪初迎来了一场转折，北大歌谣征集活动成为这场转变的标志性事件。

为了响应新诗运动，新式文人寻求各种方式创作新诗，与旧体诗割裂。据刘半农回忆，他和沈尹默偶然谈起征集歌谣的想法，便拟好章程，请蔡元培以北大的名义征集近世歌谣[①]。1918年3月21日《北京大学日

[①] 刘半农.半农杂文二集[M].上海：上海良友图书印刷公司，1935：9.

刊》刊登《校长启事》，声明"本校现拟征集近世歌谣"，"敬请诸君帮同搜集材料"①。就这样，在白话文运动和北大歌谣征集活动的推动下，歌谣逐渐成为新诗创作的资源。

歌谣所代表的民间资源之所以入诗，是源于新诗人想要打破旧体诗以求"新"的文学取向。当时新诗的言说方式存在两种倾向，一种是胡适等人利用"白话"打破旧体诗的形式和语言限制，另一种是"刘半农等人以民间谣曲等'小传统'为资源"②。刘半农所创作的歌谣最为著名，出版于1926年的《瓦釜集》收录了他创作的21首歌谣和采集的19首江阴民歌。

刘半农的歌谣特点鲜明。首先，他善于运用方言，为了让读者更好地理解，他还会添加注释解释方言中的某些字词。其次，他的歌谣多以山歌体入诗，涵盖了情歌、劳工歌、渔歌等多个主题，如《瓦釜集》中第二首《人家说摇船朋友苦连天》：

人家说摇船朋友苦连天，
我吃呋吃呋摇船也摇过十来年。
我看末看格青山绿水繁华地，
我喫末喫格青菜白米勒鱼虾垃圾也新鲜。③

这首歌谣以山歌体写成，生动的描绘展现了摇船者的艰辛生活，其中"喫"字同"吃"。这种山歌体结合方言的创作方式，成为当时歌谣创作的一种范例，前文讲到的袁水拍政治讽刺诗也多以山歌体入诗。五四时期的歌谣运动对新诗的影响深远。在此期间，歌谣的创作成为新诗人们突破传

---

① 蔡元培.校长启事[N].北京大学日刊，1918-3-21.
② 陈培浩.1920年代歌谣入诗的三种实践[J].韩山师范学院学报，2023（5）：11.
③ 刘半农.刘半农瓦釜集[M].北京：北新书社，1926：5.

统的一种途径，为文学创作注入新的活力。

与其他诗歌形式相比，歌谣的特殊性也正是其英译的难点所在。首先，歌谣具有深厚的地方色彩和文化元素，反映不同地区的社会风俗。将这些元素译入英语时，民谣本身的地域特色定会有所消解，这就要求译者在其中做好权衡，取舍原文的要素，令译文在目的语中尽可能保持文化独特性。其次，歌谣常使用方言，即乡土语言，翻译中如何既保持原作的质朴生动，又不使译文难以理解，成为翻译者的又一难题。最后，韵律是歌谣的重要特点，在英汉翻译中，保持原作的韵律感也是一项不小的挑战。

总体而言，歌谣英译的难点在于要在维持原作文学特色、音乐性和文化传统的基础上，创造性地融入目的语的语境，使译文既忠实于原作又具有独立的艺术价值。这需要翻译者在文学、音乐和跨文化交流方面具备较高的综合素养。

第二节　雅化以求情致

沙博理翻译的歌谣中，有两首显得格外独特。一首源自小说《我们播种爱情》，是一首藏族情歌，另一首来自柔石小说《二月》，题为《青春不再来》。虽然这两首歌在小说中被视为"歌曲"，但由于缺乏实际配乐，无法像独立音乐那样通过旋律来赋予听觉以审美体验。因此，在品鉴沙博理的译文时，我们更注重歌谣的文学性和表达深度，而非局限于音乐元素，从而能够更好地领略歌谣所蕴含的文学艺术价值。

一、雅化以求情

《我们播种爱情》是中国当代文学中第一部以西藏人民生活为题材的

长篇小说,写作、发表于 20 世纪 50 年代。作者徐怀中在 25 万字的篇幅内,依托广阔的社会背景,以现实主义的有力笔触,塑造出富有时代精神的众多典型人物,真实地展现了西藏人民和平解放初期的历史风貌,预示西藏社会不可逆转的发展前景。小说具有史诗的浪漫气质,是对祖国和人民的爱恋之歌。

小说中有一首即兴对唱的情歌,歌曲只有四段,第 1 段和第 3 段是男性视角的抒情,第 2 段和第 4 段则是女性视角的回应。

原诗:

草坪上的小黄花,
要开就尽量开吧!
明天我要到远方去,
免得为你耽误了行程。

你若是实心实意,
赤着脚我也愿长途相随。
对着纯净的月亮,
你敢发一个誓吗?

你像熟透了的果子,
高高地挂在枝头上。
虽说我并不灵巧,
树上的果子还能摘下来。

耐听的话儿少说几句!

第七章 歌谣韵味的变奏

> 请到市上买一把锁来。
> 把我们俩的心锁在一处，
> 钥匙可不要交给别人……①

这首情歌通过男女双方的对话，展现了两人之间的情愫。第一段中男性以宁静的草坪和小黄花为背景，将爱情与自然景色相结合，给人一种宁静、温馨之感。他明天就要远行，跟对方告别，诉说衷情。第二段中女子对此做出回应，想要从对方口中得到一个对感情的肯定答案和承诺。之后男子用"果子"赞美对方的成熟和美好，最后一段表现了女子对真挚感情的期许和坚定。

这首情歌的翻译有一定难度。首先歌曲中每一段都出现了一个意象，分别是"小黄花""月亮""果子"和"锁"。每一个意象都自带文化内涵，要完整地将其传递到目的语中并非易事。其次，原文是口语化、散文化的诗行排列的句子，没有建立起统一的或主导的节奏，由于是即兴创作的情歌，在押韵和节奏上均显得粗糙或者说"原生态"。如果遵循原文译为无韵形式，则很难称其为歌曲，无法与小说其他部分的叙述文体区分开来。最后，情歌为男女对唱，如何能在译文中体现性别差异与语言特质，是对于译者的一大考验。

下面看一下沙博理是如何应对这几大翻译难点的：

沙博理译文：

> Golden flower of the grasslands
> If you're going to open, please don't delay!

---

① 徐怀中. 我们播种爱情 [M]. 北京：中国青年出版社，1957：261-262.

I'm off tomorrow for distant places
I can no longer with you stay.

If your heart is honest and true
Even barefoot I'll follow you,
Do you dare to swear your love
To the pure chaste moon above?

You're like a lush ripe apple
Hanging high upon a bough,
I may not be so agile
But I'll pluck you yet, I vow!

Hush your chatter, hush your song!
Buy a lock that's new and strong,
Link our hearts with steel together,
Keep the key with you for ever.... [1]

沙博理的译文可以称得上是一种雅化，所谓"雅化"就是译者采取变通手段使得译文的文学品质优于原文。从译文来看，雅化体现在对意象的创造性翻译和韵律调整两个方面。

（一）意象的创造性翻译

沙博理没有将"小黄花"译为yellow flower，而是处理为golden

---

[1] Xu, Huaizhong. In the Tibetan Highland [J]. Sidney Shapiro (trans.). Chinese Literature, 1958 (4): 24.

flower，使读者容易联想到 golden age。提起西方文化中的 golden age，读者最先想到的可能就是希腊神话中的黄金时代。根据古希腊诗人赫西俄德（Hesiod）的《工作与时日》，希腊神话中人类的历史分为五个时期，分别是黄金时代（Golden Age）、白银时代（Silver Age）、青铜时代（Bronze Age）、英雄时代（Heroic Age）和黑铁时代（Iron Age）。黄金时代是克洛诺斯统治时期，被描绘为一个理想化的人类时期，那时人们生活得无忧无虑，他们不必劳作，大地上就会生出结满果实的作物，草原上繁衍出成群的牛羊。他们从不争吵，更不会作奸犯科，他们不会衰老，至死都是年轻的模样。后来，golden age 被引申到其他文化和历史时期，用来描述各个领域（如艺术、文学、科学）中的繁荣和巅峰时期。在诗歌及其他文学作品中，golden age 不仅比喻政治、经济或文化最繁荣昌盛的时期，也比喻人一生中最宝贵、最美好的时期，人们常常用"金色年华"来形容青春岁月。沙博理在译文中用 golden 最大程度显化了《我们播种爱情》这部小说的青春和爱情主题。

"月亮"是第二个意象，且原词为其加上了形容词"纯净的"，象征爱情的美好。月亮在汉语文化中象征着美丽、皎洁以及女性特质，正如《诗经·陈风·月出》中所唱："月出皎兮，佼人僚兮"，月光之美即是人之美，而这种美是圣洁、无瑕的。原文中虽是对着"纯净的月亮"起誓，但也象征美好爱情的纯洁。除此之外，月亮也象征永恒，时晦时明，时圆时缺，周而复始。张若虚在《春江花月夜》中写道："人生代代无穷已，江月年年只相似。不知江月待何人，但见长江送流水。"人生代代相继，江月年年如此。正因月亮所代表的圣洁和永恒等特质，有情人才会对月起誓，以求爱情真挚长久。

沙博理将"纯净的月亮"译为 pure chaste moon，虽然只译出了第一层纯真、圣洁的含义，没有将月亮所代表的永恒哲理投射到译文当中，但他通过 chaste 一词强化了对感情的"承诺"和"专一"。西方文化中，月亮女神是希腊众神之王宙斯的女儿阿耳特弥斯。阿耳特弥斯是象征贞洁、管理接生和生育的女神，也是所有年轻女性的守护神，chaste 就是她非常重视的品质。在西方文学中，chaste 常常用来描绘理想化的女性角色。据此，沙博理采用 chaste 一词，明指月之皎洁，暗喻少女之忠贞和美好。唱情歌的少女只有得到情人忠贞不贰的承诺，才愿意跟随他去往远方，而且是素履以往，长途相随，译词同样符合情歌的逻辑。由此可见，沙博理在处理月亮意象时，有缺有补，显示了中西文化的不同侧重。

沙博理将第三段的"果子"译为 apple，也是借用了西方文化的常见意象。在基督教传统中，苹果是知识、智慧和吸引力的象征，而在古希腊神话中，苹果象征着爱情。希腊神话中苹果第一次出现是在宙斯与赫拉的婚礼上，大地之母该亚从西海岸带回一棵枝叶繁茂的大树给他们作为结婚礼物，表达对他们婚姻的美好祝福，树上结满了金苹果，因此苹果具有了完美婚姻的寓意。后来，雅典娜、阿芙洛狄特和赫拉三位女神也曾因为一枚金苹果而争执不下，因为上面写着："为最美者颁发"。她们决定由叫作帕里斯的年轻人来判断谁是女神中最美的一个。帕里斯爱上了美神阿芙洛狄特，于是把象征爱情和美丽的金苹果献给了她。You are the apple of my eye 就是表达对某人极为珍视。在这首情歌中，沙博理将"爱情"具化为苹果，将爱情的甜美、成熟准确地通过 apple 这个西方常见的意象传达给译语读者。

原词最后一个意象是"锁"，中国文化中同心锁、喜鹊锁、月琴锁等，都有永结同心、不变情、不分离等美好寓意。西方文化中也有爱情锁一说。据说第一次世界大战时，塞尔维亚的一位女教师与一位军官相爱，这位军官后来移情别恋，女教师悲伤而亡。当地女孩为了纪念这段故事并捍卫自己的爱情，开始将刻有自己与恋人姓名的锁挂在两人最初相遇的桥上。时至今日，塞尔维亚的弗尔尼亚奇卡矿泉镇上的爱情桥挂满了来自世界各地情侣的美好期冀。锁是中西文化共同的意象，因而无须再进行转换，沙博理将"一把锁"译为 a lock that's new and strong，增译了 new 和 strong 两个形容词。new 表示这段爱情关系刚刚开始，充满了新鲜感和激情，而 strong 则强调这段关系能够经受住时间和各种挑战的考验，这一表达使爱之初发和情之坚强跃然纸上。"不要交给别人"被译为 keep the key with you，通过反说正译呼应了情歌的主题，表达出女性角色对情人的深切爱意和殷殷嘱托。

原词中的四个意象都是对爱情的描绘，沙博理对四个意象的创造性翻译使得译词更具诗歌特质，对原词爱情的传达更为生动巧妙，译词达到了雅化的效果。

（二）韵律调整

在韵律方面，原词没有明显的韵式。为了使译词更具歌谣特质，沙博理的译文融汇了英语歌谣的表现方式，通过使用押韵和变化的节奏来增强情感和表达，节奏和韵律呈现出一种流畅而轻快的感觉。我们先看一下原词和译文的节奏搭配：

表 3 《我们播种爱情》歌词、译文音节数量表

行号	1	2	3	4	5	6	7	8
原文音节数	7	7	8	9	7	10	7	7
译文音节数	7	10	9	7	8	8	7	8
行号	9	10	11	12	13	14	15	16
原文音节数	8	8	7	10	9	9	10	9
译文音节数	7	7	6	7	7	8	8	8

英语歌谣多为 4 步、3 步交替，即 8 个音节、6 个音节。有这一特点以及只有 4 步或 3 步的诗行也易于形成歌谣特色。沙博理的译文每行大致保持 7—8 个音节，且整个译文中双元音和长元音占主导，节奏是徐缓的，有"一唱三叹"之感。此外，译文里的每一节都使用一个逗号，如第一段中的"If you're going to open, please don't delay!"和第三段的"But I'll pluck you yet, I vow!"逗号本来不算作音节，但可以在情感上或语速上有所停顿，起到舒缓、咏叹的作用。

一首好的歌曲译词必然适合配曲，译词若在传达原词内容时兼顾贴近原词音位，则其可唱性必然无可置疑，尤其可以在双语演唱中创造更好的审美体验。尽管英汉两种语言差异极大，同一词汇发音基本无可比性，且诗歌韵式迥异，汉语中的一个字译成英语可能变成双音节，比如汉语中的"开"和英语中的 open；汉语中多个汉字组成的词语也有可能变成英语中的一个单词，如"赤着脚"到英语中则是 barefoot，很难将音节数完全对等。但沙博理始终将译词的音节数控制在原词音节数 ±3 的范围内，译词每句结尾大多为 [uː] [l] [eɪ] [aʊ] 等音，易于阅读、演唱，此外，译词多次出现 and 结构，如"实心实意"之译 honest and true，"一把锁"之译 new and strong，加强了译文的节奏感，为同曲演唱英汉两种语言的歌词提供了可能性。

还有其他的细节处理也能显示出沙博理在韵律上的雅化努力。第一段最后一句语序本应为 I can no longer stay with you，但为了与前面隔行一句 please don't delay 押韵，沙博理将介宾短语 with you 提前，在不影响理解的前提下，将句子改造为框型结构：I can no longer with you stay，通过调整语序实现 delay—stay 的押尾韵。

沙博理在每一段都至少实现一处押韵，如第二段的相邻押韵 love—above；第三段的间隔押韵 bough—vow；第四段的相邻押韵 song—strong

和 together—for ever。与汉语诗歌单纯重视尾韵不同，头韵在英文诗歌中与尾韵同等重要，反映了英语使用者重视首辅音在言语中产生的审美效果。沙博理也很注重头韵的乐感，保证每段至少有一词头韵出现：第一段的 don't delay，第二段的 heart is honest，第三段 hanging high，以及第四段的 keep the key。这种对头韵和尾韵的巧妙运用，不仅赋予了诗歌独特的韵律美，还增强了语言的节奏感和音乐性，令译文富有趣味。

歌与诗有着紧密的联系，歌是最早的诗，诗是能唱出的歌，歌与诗都讲究韵律和节奏，都具有音乐性。虽然沙博理翻译的这首藏族情歌是以阅读功能为主，属于"不入歌"的歌曲翻译，但他的译文仍在音节、韵脚等方面为配曲演唱提供了可能性。

总而言之，这首情歌的译文十分优美，在忠实于原文主题精神的基础上，通过雅化手段实现了押韵和节奏的增益、意象和诗情的增强、诗形和品质的提升。或可说，沙博理的译文具备了一首英语诗歌的独立文学价值。

二、雅化以求意

沙博理翻译的另一首歌曲《青春不再来》出自柔石的小说《二月》。这本小说首次出版于 1929 年，主要描述了一个悲观失意的青年知识分子萧涧秋对贫困寡妇的帮助，以及他与热情的女知识青年陶岚的恋爱故事，表现了那个时代知识分子对纯洁理想的找寻以及他们的悲观与虚无情绪。《二月》以其成熟的创作风格和深刻内涵奠定了柔石在中国现代文坛上的地位，鲁迅对这部作品十分欣赏，为其作了《小引》。沙博理译本 *Threshold of Spring* 是目前已知的唯一英译本，最初在 1963 年刊登于英文期刊《中国文学》第 6 期，后于 1980 年由外文出版社出版单行本。

《青春不再来》是主角萧涧秋为陶岚弹奏的自己填词的歌曲，格调孤高，意境苍茫。两次弹琴唱歌，既是情绪波动也是心理外化，着重表现人物的心态意绪和生命的格调。作为小说中出现的歌词，最初也是仅供阅读，但20世纪60年代开始，《二月》被改编为话剧搬上大舞台。2020年1月15日，由国家大剧院出品，李六乙执导，王玮、卢芳等人主演的《二月》又在话剧舞台上亮相。《青春不再来》成为这一版话剧的主题曲，由王之一谱曲，常石磊演唱，这首歌词也由歌谣诗成为真正的歌曲。

  沙博理翻译这首歌曲的时候，原歌词尚未确定旋律，因此他在翻译过程中并没有受到特定曲调的制约。沙博理的译文展现了他在节奏安排和韵律把握方面的卓越技巧，使得这首歌的翻译成为一件值得反复品味的佳作。

原诗：

  荒烟，白雾，
  迷漫的早晨。
  你投向何处去？
  无路中的人呀！

  洪濛转在你底脚底，
  无边引在你底前身，
  但你终年只伴着一个孤影，
  你应慢慢行呀慢慢行。

  记得明媚灿烂的秋与春，
  月色长绕着海浪在前行。
  但白发却丛生到你底头顶，

第七章　歌谣韵味的变奏

落霞要映入你心坎之沁深。

只留古墓边的暮景，
只留白衣上底泪痕，
永远剪不断的愁闷！
一去不回来的青春。

青春呀青春，
你是过头云；
你是离枝花，
任风埋泥尘。①

沙博理译文：

Hazy fog, white mist,

Spread o'er the morn;

Whither are you going,

Aimless traveller?

Vast plains turn beneath your feet,

Endless lands before your stretch,

Only your shadow for company all the year round

Slowly go, oh slowly.

---

① 柔石.二月[M].北京：人民文学出版社，2009：24–25.

Recall those bewitching autumns and springs,

How the moonlight rode on the rippling sea;

But white hair will profusely grow on your head,

Sunset hues will reflect in your heart.

All you will leave is a lonely grave,

White mourning garments and streaks of tears,

Sorrow and grief interminable,

Spring, once gone, will never return.

Spring of youth, spring of youth,

You are only a fleeting cloud,

A blossom that's drifted down from the branch

Buried in dust by the passing breeze. ①

　　该诗歌开篇"荒烟,白雾"两个意象的运用,为全诗营造了迷蒙、忧郁的氛围,也奠定了全诗缓慢的节奏基调。原诗未押尾韵,但字词的堆叠运用具有音乐性,是诗歌的听觉形式。第一节"荒烟,白雾"中逗号的运用使得节奏舒缓,与下一句"弥漫的早晨"节奏相配。"无路中的人呀!"具有明显的诵唱性质。译文中,沙博理首句也采用逗号,舒缓译文节奏,营造空间感。Spread o'er the morn 中,采用 over 的古体 o'er,其发音 [ɔːr] 与 morn 发音 [mɔːrn] 起到了娓娓道来的节奏效果,实现了听觉效果的呈现。

---

① Rou Shi. Threshold of Spring [M]. Sidney Shapiro (trans.). Beijing: Foreign Languages Press, 1980: 26–27.

在这一节中,沙博理前两句先用语音效果铺垫了苍茫孤寂的场景,最后一句将"人"显化为 traveller,在天地间描绘出一位彷徨的旅人形象,给读者以无限的想象。此外,traveller 是英语诗歌中的常用意象,例如斯蒂芬·克莱恩(Stephen Crane)哲理诗中探讨真理的 traveller,雪莱笔下讲述奥斯曼狄斯故事的 traveller。此外,原文"无路"一词形容处境艰难,是对现实的描述。沙博理采用 aimless 一词,更突出旅人的主观情感,为全诗渲染了苍茫的意境。

从标点来看,原诗中"你投向何处去?无路中的人呀!"一个问号一个感叹号的结构淋漓尽致地表现出萧涧秋在一个黑暗无望的社会中走投无路、不知去向的无奈与愤懑。沙博理的译本处理得相当精妙:"你能去向何方呢,迷茫的旅人?"首先 whither 一词意为"何处,哪里",译者将第一小句的问号涵盖在了 whither 一词之中,并将第二小句的感叹号删除,避免两个情感饱满的标点符号密集出现,可谓思虑周全。

原诗中"永远剪不断的愁闷!一去不回来的青春。"第一小句运用感叹号强调人生在世,愁苦与烦闷免不了,突出了萧涧秋的悲伤与痛苦;第二小句点明了如此"愁闷"的原因在于"一去不回来的青春",由于是客观陈述,所以用了平铺直叙的句号。而在译文中,沙博理进行了创造性处理:"无边的悲伤与不幸在蔓延,青春啊,一旦逝去,终究不会再来。"虽是省去了第一小句的感叹号,看似情感不再那么饱满,实际上更加意味隽永。因为"愁"与"闷"被处理成两个分开的意象 sorrow 和 grief,拉长了视觉上的效果,似乎让读者感觉这人生的愁苦与烦闷永不会消亡;第二小句中译文增添了两个逗号,一方面是音乐感上的停顿,另一方面是拉长感官效果,以陈述句表达强烈的情感。值得一提的是,沙博理用 spring 暗喻"青春",这是英语诗歌的常用方式,例如莎士比亚十四行诗第 98 首就是将春天与青春联系在一起。

该诗最后一节是对青春流逝的惋惜，对时光不再的无奈。"青春呀青春"像是对青春的最后一声呼喊，想要留住，但只能任其随风飘散，埋于泥尘。沙博理用 spring of youth 对应"青春"，首先可能是出于对节奏的考量，原文"青春呀青春"有一唱三叹的效果，如果只用 youth 一词与之对应，则译文节奏稍显单薄。其次，这一创造性的译法将青春具象化为可感之物，有生命气息。美国作家塞缪尔·厄尔曼（Samuel Ullman）在《青春》（Youth）一诗中将其比作生命之泉：it is the freshness of the deep springs of life，该诗歌在当时美国和日本年轻一代中影响甚广。此外，这一译法也与上文中借 spring 喻青春的表达方式形成对应。据此，该译法是基于对内容和形式全面考量后的创造性翻译。下文中 fleeting［'fli:tŋ］发音绵长，与 cloud［klaʊd］发音的圆润相匹配，具有延长情感的效果。与之相似，最后一句"任风埋泥土"，沙博理将"风"译为 passing breeze，这一名词词组中两个长音［ɑː］和［iː］的结合，更是凸显了青春随风而逝的无奈和惋惜之情。在这一节中，沙博理同样在注重内容准确传达的同时，兼顾到原诗的歌唱性质，运用节奏和音韵，辅助情感表达。

通过以上两首歌曲的英译分析，可以表明沙博理的歌曲英译是忠实于原文精神的创造性翻译。译文保留了原歌曲的格调和意境，通过创造性的意象重构、音韵再造和选词炼词，使得译文与原文产生若即若离的感觉，既不完全依附于原文，又保持着互动，是译者主体性的展现，实现了雅化以求情、达意的效果。

第三节　思维转换以求同

民谣是一种深深植根于说唱传统的文学形式，它由人民大众自发创作

第七章　歌谣韵味的变奏

并口耳相传，充满了地域特色和民族特征。在新文化运动之前，民谣并没有受到太多关注，甚至被认为是难登大雅之堂之作。随着新文化运动的兴起，越来越多的研究者开始聚焦和探索民谣文化，使得民谣逐步受到人们的重视，并在一系列乡土文学作品中频繁出现。民谣走进文学领域，改变了传统民谣的传播方式，拓宽了人们认识民族和历史的途径。

作为一种具有浓厚民族特色的歌谣形式，民谣的原型思维更为显著。原型思维是不同文化下成员理解概念的方式，而中国的民谣之所以能够引起人民群众的共鸣，正是因为同一文化下的原型思维为认同提供了思维基础。在翻译中，如果原本相对稳定的概念结构被赋予一定的范畴灵活度，这说明译者可能经历了源语原型思维向目的语原型思维的空间转换，以此来消解文化差异，达到更好的交际效果。在这种情况下，概念转换后的译文是否具有原型效应就成为翻译评价的重要标准。不同文化背景和社会规约下，同一范畴的中心原型具有不同的样态表征。译者首先需要从源语言变体中识别出源语原型和输出概念，然后通过经验认知，寻找与之相对应的译语原型，最终结合具体语境和意图发挥主观能动性，将概念合理转化，并用目的语表达出来，实现语际层面上的文本转换。

沙博理翻译的四部中国当代小说《活人塘》(*Living Hell*，1955)、《保卫延安》(*Defend Yenan!*，1958)、《欧阳海之歌》(*The Song of Ouyang Hai*，1966)、《创业史》(*Builders of A New Life*，1964)中出现了34处民谣英译。民谣英译需考虑中英民谣各自的艺术性和审美性，跨越文化和语言的障碍，在忠实原文信息的基础上，尽量贴近英语民谣的原型，使译文在译入语中发挥与原民谣同样的作用。沙博理较普通译者更熟悉英语民谣的典型期待，他在翻译民谣时，注重灵活且合理地转换概念。下面我们拟从结构性、音乐性、叙事性以及意向性四个方面对沙博理民谣的原型思维加以分析与鉴赏。

一、结构性调整

结构是各种文体成文时必须考虑的关键因素之一。沙博理在结构处理上不拘泥于原文的民谣体式，且善于发挥英语民谣的断行特点，翻译出的民谣生动自然，毫无僵硬翻译的痕迹，以《活人塘》中的一首民谣为例：

原文：

新河集，两头芒，中间有个活人塘，
有钱没钱拖进去，打个票子到麦黄，
有房有地就典卖，无田无地拖进塘，
寡妇讹住去改嫁，姑娘留住当偏房，
无数穷汉年不过，多少伢子无爹娘，
哪日太阳门前过，死人跳出活人塘。①

沙博理译文：

In Newstream the landlord's mansion

Is hell on earth for debtors.

Unless they've house or land to give,

They're beaten, tortured, murdered!

But the day will come

When the sun will shine,

And the dead will leap

From living hell!

---

① 陈登科.活人塘[M].北京：人民文学出版社，1979：1.

For the landlord and his gang, fair game

Is a poor man's daughter or widow.

They hound him to death for the smallest debt,

Make orphans of his starving children!

But the day will come

When the sun will shine,

And the dead will leap

From living hell! ①

  原文为民间流传歌谣中常见的单章体，没有划分诗节。从译文来看，沙博理没有拘泥于原文的形式，充分根植于英语民谣的文化艺术中，将原民谣的单章体改为典型的英语民谣体，译文分为四诗节，每节四行，符合英语民谣的特点。特别值得注意的是，译文的每个诗节都经过了诗句跨行调整，这是英语诗歌中常见的形式特征。其中，第五六句的翻译尤为巧妙，将两句原文诗句断为四行。这种处理不仅使每个诗节的行数相当，而且形式上更加贴近英语诗歌的原型。这种变化不仅仅是形式上的调整，更是一种对原始文本与目的语言文学传统之间巧妙平衡的体现。我们可以再看一例：

原文：

  说得到，做得到，

---

① Chen, Dengke. Living Hell [M]. Sidney Shapiro (trans.). Beijing: Foreign Languages Press, 1955: 3.

全心全意为了人民立功劳。①

沙博理译文：
> We always do
> What we say we'll do,
> We work for the people
> With hearts and minds true. ②

沙译文将两行断为四行，缩短句长使得每行字数相当，既强化了民谣的视觉形象，又使得每行以 we、what、we、with 开头，形成头韵，一举两得。

通过这样的形式调整，沙博理成功地使译文在保留原始情感和内涵的同时，更好地适应了英语诗歌的传统和审美标准。这种灵活性和巧妙的转化不仅体现了翻译者对两种文学传统的深刻理解，同时也增强了译文的表现力和吸引力。

二、音乐性再现

民谣作为民间劳动大众的诗，之所以经久不衰、传播广泛，除了具有深刻的思想让人产生共鸣外，也与它的音乐美息息相关。传递民谣的音乐美，不得不提到民谣的节奏和韵律。沙博理在翻译民谣时，通过救韵和补充衬词等来保留和传递汉语民谣的节奏和韵律，除此之外还善用音乐修辞来弥补节奏和韵律难以传递的遗憾。下面我们一起品鉴出自《保卫延安》

---

① 金敬迈.欧阳海之歌[M].北京：人民文学出版社，2005：280-281.
② Jin, Jingmai. The Song of Ouyang Hai [M]. Sidney Shapiro (trans.). Beijing: Foreign Languages Press, 1966: 264.

和《欧阳海之歌》的几句民谣。

原文：

中华民族一心要独立，
中国人民一心要自由。①

沙博理译文：

So surely our country independent must be,
The people of China demand to be free.②

原文：

红旗呼拉拉飘
喜鹊喳喳叫③

沙博理译文：

The red flag flutters, so proud, so proud,
Magpies chirrup, so gay and loud,④

原文：

一双大手四四方，

---

① 杜鹏程.保卫延安[M].北京：人民文学出版社，1979：27.
② Du, Pengcheng. Defend Yenan! [M]. Sidney Shapiro (trans.). Beijing: Foreign Languages Press, 1958: 29.
③ 杜鹏程.保卫延安[M].北京：人民文学出版社，1979：64.
④ Du, Pengcheng. Defend Yenan! [M]. Sidney Shapiro (trans.). Beijing: Foreign Languages Press, 1958: 65.

能拿锄头能扛枪；①

沙博理译文：

A pair of big hands square and strong

Can grip a rifle or wield a hoe, ②

原文：

正月里来是新年，

陕北出了个刘志丹。③

沙博理译文：

With the first month comes the brand New Year,

In north Shensi we had Liu Chih-tan so dear. ④

翻译时实现源语和目的语的完全对等几乎是不可能的，再现原民谣的韵律特点也并非易事。沙博理民谣译文中存在不少增译或语序调整以达到救韵的作用。第一句出自《保卫延安》，原文虽不是押韵句，但句式统一，均为"……一心要……"的句型，节奏感强。这种句式所具有的节奏感很难在英文中完全复现，如果一味追求结构上的对称，可能因形害义，有时不得不打乱结构和句法，以实现效果的对等。沙博理在译文中有意

---

① 金敬迈. 欧阳海之歌[M]. 北京：人民文学出版社，2005：307.
② Jin, Jingmai. The Song of Ouyang Hai [M]. Sidney Shapiro (trans.). Beijing: Foreign Languages Press, 1966: 290.
③ 杜鹏程. 保卫延安[M]. 北京：人民文学出版社，1979：485.
④ Du, Pengcheng. Defend Yenan! [M]. Sidney Shapiro (trans.). Beijing: Foreign Languages Press, 1958: 386.

将 independent 提前，使得两小句能够分别以 be 和 free 结尾，形成尾韵，巧妙利用了英语句式倒装的特点，弥补了句型上无法统一而影响节奏的缺憾。

再看第二句，"呼拉拉"和"喳喳叫"均利用叠字摹声，营造一种红旗风中飘扬，喜鹊叫声不断的真实感，既生动形象又朗朗上口。译文增译"so proud, so proud"以及 so gay and loud，形成上下句的押韵，不仅使译文节奏紧凑，而且将红旗和喜鹊各自在中文语境下的语用意义"骄傲"和"喜庆"在翻译中展现出来，使译文读者产生与原文读者相似的阅读感受。同样的还有下一句中"四四方"，也是通过叠字的使用营造一种音律美，译文增译 strong 这一原文没有提到的特点，与 square 形成头韵，不仅将手的特点进行了更合理、全面的刻画，而且沿袭了一定的民谣音韵特色。最后一句中增译 so dear 以与 New Year 形成一对尾韵。从以上例子可看出，沙博理在翻译时转换音韵传递方式，对民谣韵律的认知和把控十分敏锐。

沙博理的民谣译本有意在需要的位置增加衬词，增强了民谣的音乐性和适唱性，我们可以看几个例子：

原文：
　　蒋介石运输大队长
　　派人送来美国枪①

沙博理译文：
　　Chiang Kai-shek, our supply chief, hey,

---

① 杜鹏程. 保卫延安[M]. 北京：人民文学出版社，1979：105.

Sends us weapons from the U.S.A.! ①

原文：

我为谁人来打仗，为谁来打仗？
我为谁人扛起枪，为谁扛起枪？②

沙博理译文：

Who are we fighting for, oh, who are we fighting for?
Why do we shoulder a gun, oh, why do we shoulder a gun? ③

衬词在民谣中是一种虚词，没有实际含义，"它是原始人类在语言产生之前，迸发于胸中的各种情感外显的历史遗迹。在语言和音乐产生之后，它作为不定性的语言（语音），由于含蕴着人类丰富的情感密码，始终是音乐作品中重要的煽情元素"④。闻一多就曾指出，原始人最初由情感的激荡而发出的如"啊""哦""唉"或"呜呼""噫嘻"一类的声音，便是音乐的萌芽⑤。民谣甚至近代流行歌曲中都不乏大量衬词的使用，沙博理在民谣翻译时深谙音乐的这一特点。第一句民谣译文在结尾增加了 hey 这一语气词，不仅体现了民谣贴近生活以及口语化的特点，还与第二句的 U.S.A. 合辙押韵，使整句民谣语调更加统一，表现出民谣的音乐性。在第二句民谣中，译者同样在反复的句式中增加了具有口语表现力的衬词 oh，

---

① Du, Pengcheng. Defend Yenan! [M]. Sidney Shapiro (trans.). Beijing: Foreign Languages Press, 1958: 105.
② 金敬迈. 欧阳海之歌[M]. 北京：人民文学出版社，2005：48.
③ Jin, Jingmai. The Song of Ouyang Hai [M]. Sidney Shapiro (trans.). Beijing: Foreign Languages Press, 1966: 45.
④ 黄小平. 哈尼族民歌衬词艺术[J]. 武汉音乐学院学报，2009（1）：97.
⑤ 闻一多. 神话与诗[M]. 上海：上海人民出版社，2005：148.

使歌词的节奏富有变化，增加了生活情趣，劳动人民的真情实感和情感抒发表现得更加淋漓尽致。

在难以救韵押韵以及使用衬词等来传达音乐美的时候，沙博理的翻译体现了他在音乐修辞运用上的得心应手。我们可以再看一下上文举例的《活人塘》中的那首民谣。原民谣除第一行，其余每行的前半句结尾声调均为去声，后半句结尾声调均为阳平，且后半句每句均押尾韵，平仄音的交替是民谣音乐性的又一体现。音乐旋律一般由两个层次构成：底层是"节拍节奏"，上层是"调式音阶"。"调式音阶"是由处在一定高低关系中的固定的几个音构成的，它通过有规律的重复变化制约着音乐中的音高关系，是音乐表现的重要手段[1]。此民谣每句结尾的平仄音交替使得民谣带有了规律性抑扬起伏的音高色彩，朗朗上口，娓娓入耳，便于传唱和记忆。

沙译文并没有通过韵或音步传递该民谣在平仄和韵律上的音乐性，而是善用音乐修辞。原民谣的第六句暗含了农民内心的期待和希望，是本民谣的主题精髓，译文将其重复放在第二节和第四节来呈现，体现了英语民谣乃至当今音乐歌曲的一大特点——渐进的反复。所谓渐进的反复是将一些短语或诗节重复若干次，反复层层加深，仅在一些关键之处略作替换，增加一些重要内容使情节得以发展[2]。从音乐的角度来看，渐进的反复加强了民谣的感染力和气氛渲染力，可大大深化主题思想和抒情气氛，易记易唱，利于口头传诵。将暗含愤懑和希望的句子一步步反复吟唱，还有利于将暗含的感情层层推进直至高潮，增加民谣的戏剧效果。沙博理的这种处理方法贴近音乐的习惯和特色，弥补了由于语言的差异使原文韵律难以保留的遗憾。

---

[1] 吴为善.平仄律、轻重音和汉语节律结构中"弱重位"的确认[J].语言研究，2005（9）：90-94.

[2] 彭利红.浅析英语民谣的特点及影响[J].乐山师专学校（社会科学版），1995（1）：73-75.

三、叙事性调适

沙博理翻译的 34 处民谣中，叙事民谣的比重较大。叙事即讲故事，所讲故事有长有短、有详有略。在翻译叙事民谣时，沙博理大多忠实于原民谣，但当字面翻译无法在译文中实现语言表达自然、流畅时，沙博理就采用变通手法，改变信息叙述的形式和繁简，调适后的译文更贴近英语民谣叙事特点。

《活人塘》的民谣将"有房有地""无田无地""寡妇""姑娘""穷汉""伢子"所遭受的地主的残酷剥削分别进行了不同的刻画，反映出各类人物都处于痛苦深渊的黑暗现实。译文将原民谣的 1—3 行置于第一节中进行了意译，将"有钱没钱拖进去，打个票子到麦黄，有房有地就典卖"基本省略；将原民谣的 4—5 行置于第三节进行了意译，"改嫁""当偏房""年不过"等具有当时社会特色的词也均意译。较之原民谣，译文在人物描写上数笔带过，甚至不予交代，化繁为简的处理方式将原民谣归化译为更易被外国读者理解和接受的形式，引人联想，符合"大部分英语民谣叙事不规则，经常通过跳跃或部分情节完全省略来叙述""情节叙述缺少细节描写"[①] 等特点。

四、意向性传递

语言运用是一项意识活动，翻译作为一种语言活动和一种人类行为，必然与意向性有着不可分割的联系。在民谣翻译中，沙博理通过词语淬炼传递出原民谣的意向性。

《活人塘》中的那首民谣就十分具有代表性，沙博理将"活人塘"译为 living hell。"塘"字在汉语中的释义有：堤岸、水池、小坑等。联系上

---

① 王丽萍. 吴歌与英语民谣的对比研究及吴歌的翻译[D]. 苏州大学，2004：12.

下文可知,"活人塘"主要指剥削农民的地主孙家的大楼,面积有限,并且农民被抓进去后备受煎熬、难以逃出,因此中文小说中"活人塘"的"塘"意思应与面积不大的小坑最为接近。小坑四周高、中间低,可使事物围困其中。沙博理没有将其译为塘池 pool,也没有将其译为土坑 pit,而是选用了字面意义相差甚远的 hell 进行翻译。看似很不忠实,实则是考虑到原诗的意向性传递。活人塘使"三里路以外人望见就发抖,要是小孩子哭了,大人就说:'再哭给你撂到活人塘里!'这么一说,小孩子就乖乖地爬在大人怀里,一动也不动了"[1],可见无论大人还是孩子都对孙家大楼恐惧万分,不敢靠前一步。为使译文读者了解原文作者的意图,翻译为更接近目的语文化的 hell,农民身在其中的痛苦则不言而喻。我们可以再看几个例子:

原文:

> 我的米袋四尺长,
> 这就是我的大后方,[2]

沙博理译文:

> Our ration bags may be heavy as lead
> But they're our big supply base,[3]

---

[1] 陈登科.活人塘[M].北京:人民文学出版社,1979:2.
[2] 杜鹏程.保卫延安[M].北京:人民文学出版社,1979:159.
[3] Du, Pengcheng. Defend Yenan! [M]. Sidney Shapiro (trans.). Beijing: Foreign Languages Press, 1958: 142.

原文：

天天守，夜夜看，

眼熬红，嘴喊烂，[1]

沙博理译文：

Guarding his crops all day and all night,

His eyes go red, he shouts himself hoarse. [2]

第一句中数量词"四尺"用 be heavy as lead 这一明喻的手法翻译了出来。"四尺"是一个具体的数量词，但在本民谣中表达的是一个抽象的概念，形容米袋中的粮食足够多。由于英汉思维方式的差异，具体的数量词背后所传达的真实意图很容易被英文读者误解。译文中翻译为"重如铅"，转化为明喻，生动形象，同时顾及了英汉思维方式和表达方式上的差异，更容易让读者理解其真正的内涵。第二句同样通过炼字来传递原文意向性，沙博理将"嘴喊烂"译为 he shouts himself hoarse。hoarse 一词意为嗓子嘶哑，与原文中的"嘴巴"没有直接关系，但却是喊话喊多了之后能够造成的最直接的后果，这样翻译更直观且契合实际，营造出与原文同样的阅读效果。通过上述几个实例不难看出，沙博理翻译民谣时在炼字上主要以传递原作意向性为目的，通过概念转换达到了原文的文本功能和交际目的。

民谣翻译既要传承原民谣声音的文本化，又要复刻原民谣文本的声音化，涉及结构、音乐性、叙事、意向性等多种概念成分的碰撞。我们发现

---

[1] 柳青. 创业史 [M]. 北京：中国青年出版社，1977：400.
[2] Liu, Qing. Builders of A New Life [M]. Sidney Shapiro (trans.). Beijing: Foreign Languages Press, 1964: 401.

沙博理既通过调整结构和叙事保留了民谣独立于文本的可阅读性，又通过意向性传递传达了民谣在特定语境下的特定含义，同时还成功地将民谣的音乐性文本化。沙博理的这些翻译技巧使民谣译文打破了原文固有的概念结构，利用英语民谣范畴中的各个属性特征进行多种概念转换，克服了英汉思维差异。其民谣译本顺应了目的语文化的语言习惯、文体标准和文本规约，是很好的英语民谣原型样例，其中折射出的原型性为民谣以及其他体裁的翻译提供了策略参考。

下编

述志为本：沙博理的诗歌翻译思想

第八章 "三只手"的沙博理

翻译思想是主体在一定社会历史存在下,基于自身实践对翻译作为一种客观存在所展现的多重关系的理性认识。这种认识既源于翻译主体的翻译实践,也源于其多元身份下的其他社会实践活动。沙博理复杂的文化身份对其诗歌翻译思想产生极大的影响,也造就了他独特的译者身份,因而在讨论其翻译思想之前,有必要一探其文化身份,让读者深入了解沙博理的独特之处。

一、何为"文化身份"?

将"文化身份"(cultural identity)拆开来看,"文化"和"身份"这两个概念意蕴丰富且极为复杂,在社会学和文化研究中一直备受讨论,尤其是"身份"一词。identity 源于古法语 identité,古法语又源于中古拉丁语 identitatem,最终可追溯至拉丁语中表示"同一(the same)"的词根 idem。《牛津高阶英汉双解词典(第10版)》中 identity 的解释有三:1) who or what sb/sth is; 2) the characteristics, feelings or beliefs that make people different from others; 3) the state or feelings of being very similar to and able to understand sb/sth. 第2和第3种解释看似是矛盾的,一方面是个体区别于其他人的差异,强调 different,即确立自我身份之"异";另一方面,又指与他人的同一性,强调 similar,即获取身份认同之"同"。可以看出，identity是差异和同一的统一体。因为与他人存在差异，个体独特性得以凸显，因而有了身份标识。与此同时，作为社会人，个体在社会互动中寻求共鸣和归属感，从而产生身份认同。这也可以解释为何学界会用"文化身份"和"文化认同"两个术语对应cultural identity。

关于文化身份，斯图亚特·霍尔（Stuart Hall）在《文化身份的问题》（The Question of Cultural Identity）一文中将其定义为"那些源于我们对不同种族、民族、语言、宗教，尤其是国家文化的归属感的身份特征"[1]，并将其界定为三种不同的概念：启蒙主体（Enlightenment subject）、社会学主体（sociological subject）和后现代主体（post-modern subject）。其中社会学主体是在自我与社会的交互作用中形成的，尽管主体仍然具有核心的"真我"（real me），但主体在持续与外部文化世界及其所提供的多种身份进行对话的过程中被塑造和改变[2]。

霍尔的论述揭示了文化身份的动态性和复杂性，文化身份不是一成不变的，而是随着个体与外部世界的交互而不断变化。这种身份变化在移民群体中表现得最为明显，移民身份使得主体经历文化身份的重塑过程，形成了独特的文化身份。在这一过程中，个体不仅需要面对新的文化环境和社会规范，还需处理原有文化与新文化之间的冲突和融合。文化身份的构建因此成为一种双向的过程，既受到外部社会文化的影响，也反映了个体对这些影响的回应和选择。

---

[1] Hall, Stuart. The Question of Cultural Identity [A]. In Hall, Stuart, David Held and Anthony G. McGrew (eds.). Modernity and Its Futures [C]. Cambridge: Polity Press in Association with The Open University, 1992: 274.

[2] 同上：276.

二、沙博理文化身份的动态变化

沙博理的一生有"犹太人""美国人"和"中国人"三种文化身份，这三种身份融和混杂在一起，赋予他认识世界的多重视野和丰富的人生体验。

沙博理的祖父母在19世纪90年代逃到美国避难，属于移民家庭，在自传中沙博理记录了祖母所保留的犹太人传统。但他的父母显然对欧洲出身并不感兴趣，而是以作为美国人而自豪。自传中沙博理详细讲述了幼时与同为犹太人的邻居之间的琐事，以及家庭所保持的犹太人生活习惯。可以说，犹太人的身份是沙博理无意识深处的民族文化记忆。1984年由沙博理整理、翻译和编辑的论文集《中国古代的犹太人：中国学者研究文集》（*Jews in Old China: Studies by Chinese Scholars*）在纽约希波克林出版社（Hippocrene Books）出版，随后希伯来文版本于1987年在以色列出版。1993年沙博理回美国探亲时接受美国《洛杉矶时报》（*Los Angeles Times*）采访，在给报社的回信中他说道："我倒不是中国犹太人，不过我1928年在弗拉特布什受过成人礼。作为这样的中国公民，我可以很自信地说，我是犹太裔中国人！"[①]沙博理喜爱犹太文化和美食，但他明确自己是一名"非宗教犹太人"，且终身没有改变。由此来看，犹太人的身份之于沙博理是一种民族认同和文化认同。

对于沙博理而言，"美国人"是一个特殊的身份。他在美国成长、接受教育，在来到中国之前，他和大多数美国人一样，"始终相信美国是民主的标杆，是言论与新闻自由的标杆，美国人享有的民主和自由，世界上

---

① Shapiro, Sidney. My China: The Metamorphosis of a Country and A Man [M]. Beijing: New World Press, 1997: 299.

其他民族闻所未闻"①。经历过二战以及在中国的多年生活后，沙博理年轻时对美国人的身份认同有所消解。从美国到中国，从第一世界到第三世界，两种文化和社会制度的差异改变了他的身份感，对于世界和自我的认知都在发生改变。他亲身经历了中国新旧社会的交替，看到中国人民反抗帝国主义压迫所做出的艰苦卓绝的斗争，也认识到美国在国际社会上的所作所为对于其他国家而言会造成何种灾难。他认识到美国人的"'自由'通常只是个发泄怒气的安全阀。他们可以说，可以写，可以游行示威，但在重大问题上起不到什么作用"②。从年轻时对美国自由民主的坚信，到年老时的此种认识，改变的不仅是对美国民主的看法，更是他自身的文化身份。

"美国人"文化身份的淡化与"中国人"文化身份的建构是共时完成的。当然，沙博理"中国人"的身份认同也并非一蹴而就，也是在与中国社会、文化、实践的交互之下逐步建立的。

初到中国，他所面对的不仅是横跨太平洋的空间距离，更是一种现代社会与前现代社会的对比和差异。1947年4月沙博理来到中国，当时正处于解放战争时期，在他看来，当时的中国"很有点出自中世纪黑暗时代的意味"③。沙博理最初是想到中国做出点像样的事情，打算成为一名会讲中文的律师，在商业法领域大展拳脚。最初揣着200美金来到中国的沙博理和大多数来华美国人之间并无太大差别，真正让他开始改变的，是凤子。

沙博理和凤子通过杨云慧认识，两人情投意合。在与凤子相识和相知的过程中，他也对中国文化和中国国情有了深入的认识。1948年沙博

---

① Shapiro, Sidney. My China: The Metamorphosis of a Country and A Man [M]. Beijing: New World Press, 1997: 289.
② 同上：289。
③ 同上：29。

理和凤子决定结婚,在结婚前沙博理写信给远在美国的母亲,母亲并未反对。对于这一反应,沙博理思忖道:"到底是什么赢得了她对中国人的好感?是因为中国人和犹太人之间没有历史冲突,还是因为中国人和犹太人一样,在美国都是受歧视的弱势群体?"① 沙博理此时的文化心理已经发生了变化,与凤子的婚姻让他在文化身份上开始向中国人靠近。

身份认同是在与外部文化世界的交互中不断被建构或重塑的。与凤子的结合,让沙博理获得了"半个中国人"的身份,而且凤子一直积极参与革命,沙博理也加入这些活动之中,并以自己美国人的身份为中共地下党作掩护。这些深入中国的社会活动都在一步步加强沙博理对中国的文化身份认同。可以说,正是通过与凤子的结合让他融入了中国文化之中:"凤子于我而言不仅仅是妻子,她是构成中国的不可或缺的一部分,是流淌在我和中国之间一条不息的河流,是一个民族、一种文化、一个社会的精英"②。1996年凤子去世后,沙博理北京家中一直摆着凤子的照片。

1949年10月1日,沙博理和凤子应邀参加开国大典,在天安门见证了新中国的成立。之后,机缘巧合下他开始参与新中国的翻译事业。他于1951年起在对外文化联络局工作,1952年在美国出版了《新儿女英雄传》的英译本,这是被译为英语的第一部"红色小说"。1952年,外文出版社成立,沙博理随后也开始在此任职。他在中国的职业从一名可以养活自己和家庭的律师,成为一名专业翻译。换言之,沙博理进入了一个新的职业群体,群体身份亦会对其文化身份的塑造产生影响。译者的身份不仅让他有机会深入接触中国文学,与外文出版社其他同事的长久共事也进一步加强了沙博理的文化认同。他与叶君健、杨宪益、戴乃迭等人一起创办《中

---

① Shapiro, Sidney. My China: The Metamorphosis of a Country and A Man [M]. Beijing: New World Press, 1997: 48.
② 同上: 335.

国文学》英文杂志，向英语世界介绍中国现当代文学作品。

通过翻译中国文学作品，沙博理对中国文化也有了更深的理解。"翻译给了我更多阅读中文的机会，平时我是没有机会读这么多书的。中国是个有着悠久历史和复杂历史的大国。没有人，当然，更没有一个外国人能够全面地了解那么长的时间和那么大的空间。从一个国家的小说、诗歌和戏剧中，我们可以知道许多东西。这些作品表现了更多的思想与情感，相比纯粹的事实报道，人物更鲜活，更真实。"[1]在翻译过程中，沙博理深入了解中国的历史、中国人的生活方式和社会风貌，感受到了中国文化的多样性和深层次的情感内涵。通过翻译，沙博理也不断提高自己的汉语语言能力，这又进一步加强了他对中国文化的认知和理解。他在字里行间感受到的不仅是语言的美妙，更是文化的底蕴和历史的厚重。翻译的过程使他能够以一种独特的视角审视中国文化，从而建立起更加全面和立体的文化认同感。可以说，翻译不仅是沙博理职业生涯的一部分，更是他与中国文化深度对话和交流的重要方式，译者的角色不断强化着他作为"中国人"的文化身份。

在"中国人"文化身份的动态建构过程中，加入中国国籍对沙博理而言无疑是里程碑式的事件。在一次采访中，被问到在中国生活这么多年，最快乐的事情是什么时，沙博理思忖片刻后回答："最最快乐的恐怕要算1963年我被批准加入中国籍的时候。这不仅是一种光荣，而且它对我来说有着非同一般的意义。它使我心里踏实了下来，今后我要做个什么人、走什么样的道路从此就确定了。我决定同大家一道为中国的繁荣发展做出我小小的贡献……"[2]。可以看出，加入中国国籍对于沙博理本人而言不仅

---

[1] Shapiro, Sidney. My China: The Metamorphosis of a Country and A Man [M]. Beijing: New World Press, 1997: 84.
[2] 唐蓉. 碧海青天慕神州——记三上银幕的老专家沙博理[J]. 国际人才交流，1989（1）：37.

是法律意义上的身份转变，更是一种在情感和心理上的身份认同，代表着一种稳定身份的形成。

此后，沙博理越发融入中国社会之中。在日常生活中，他不愿住高级宾馆，而是更愿意住四合院，打太极拳，与胡同里的邻里街坊友好相处。1983年，退休后的沙博理当选政协委员。在1984年的政协会议上，作为政协委员的沙博理和另外三个已成为中国公民的有着外国血统的政协委员，起草了一份联合声明，指出中国出版的外文图书和期刊在国外销售不力，没有达到应有的效益。此外，他还提交过多份提案，时刻牵挂中国各项事业的发展。作为中国人的身份使得他对中国的发展产生了一种责任感，正如他自己所言："我可以保证一点，只要我活着，无论是一年、一个月，还是一天，我都是国家的一颗螺丝钉。"①沙博理曾经申请加入中国共产党，但组织认为共产党员的身份不利于他从事外宣工作，所以并未批准他的申请。对中国社会事业的参与使得沙博理对中国不仅有着强烈的文化认同，还形成了政治认同。

随着对中国了解的逐步加深，他的文化立场愈加倾向于中国。渐渐地，沙博理对中国形成了一种情感依赖。回到美国探亲，过不了多久，他便不舒适起来，着急要回北京，"特别是在夜幕降临、万籁俱静的时候，这种情绪尤其强烈……我每每望着月亮，想念中国、想念北京，想念我的家……"②沙博理的这种情感是客居异乡的中国人才会产生的对祖国的情感依赖，有了中国人"望月思乡"的文化记忆。到了晚年，沙博理在多个场合都强调自己"中国人"的身份。2011年获得"影响世界华人终身成就奖"时，沙博理说："我热爱中国，这儿就是我的家，我的根在中国"。

---

① 侯露露.政协委员看望著名翻译家 新老委员畅谈文化强国[N].人民日报，2013-3-10.
② 唐蓉.碧海青天慕神州——记三上银幕的老专家沙博理[J].国际人才交流，1989（1）：38.

从沙博理自传书名的修改过程中也可以看出沙博理的身份转变。1979年，其自传首次出版时，书名为《一个美国人在中国》(An American in China)。1997年修订再版时，书名更改为《我的中国》(My China: The Metamorphosis of a Country and a Man)。这一修改证实了沙博理文化身份的动态变化，其文化身份完成了从"犹太裔美国人"到"犹太裔中国人"的转变。

三、"我有三只手"

沙博理动态复杂的文化身份对翻译活动的塑造，可以用他所说的"三只手"来总结。沙博理曾对中国外文局原局长周明伟说"我有三只手"，第一只手带着中国腔调同外面世界握手，第二只手带着高鼻梁洋面孔同中国文化交流，第三只手要紧紧扯着中国的衣襟，跟上中国快速发展的脚步[1]。"三只手"的形象比喻不仅是沙博理对外宣事业的认识，也反映了他对自己文化身份的认同。

"第一只手"带着"中国腔调"，这种腔调是沙博理"中国人"文化身份的表征，就像他回美国探亲时，美国朋友都觉得他已经变成了一个"中国脑袋"。在与外面世界握手时，"这只手"既代表着中国文化，也体现中国立场。谈及翻译时，沙博理曾说过："译者要有革命立场观点，为了人民，为了党，为了全世界人民文化交流。"[2]这一点在他翻译的袁水拍政治讽刺诗中体现最为鲜明。原诗本身就是讽刺以美国为首的帝国主义国家的霸权行径，沙博理的译文通过叙事重构等方式，在传达中国立场的同时，又强化了讽刺效果。他也告诫从事翻译工作的年轻人要了解自己国家的文化和历史："年轻人普遍的不足是对自己国家的历史文化掌握的水平太低，

---

[1] 刘彬. 架在中国与世界之间的桥[N]. 光明日报，2014-10-26.
[2] 洪捷. 五十年心血译中国——翻译大家沙博理先生访谈录[J]. 中国翻译，2012(4): 64.

希望搞文学翻译的年轻人对中国历史文化发展要有较深了解，多学中国古老的哲学。这很难，但却是一辈子的事。"①

"第二只手"带着"洋面孔"，他的高鼻梁洋面孔不仅没有成为他与中国文化交流的障碍，反而成为一种优势。在美国成长的沙博理从小阅读"暴力"小说长大，这使得他在翻译中国抗战文学作品时，能够兼顾西方读者的文学传统和阅读习惯，用英语读者的视角审视全文，令译文更符合西方读者的审美和叙事感受。

双重文化身份造就了沙博理的英汉双语能力，两种文化的冲突与取舍又最终造就了他对中国文化孜孜不倦的热情传播。在翻译过程中，他一方面能够保证中国历史文化要素的再现，传递中国文学和文化的精髓，另一方面，他能够熟知并兼顾西方读者的文学传统和阅读习惯。他以"中国人"的文化立场解读所译中国作品，在翻译过程中以文化间的双重身份操纵翻译，以英语读者的视角把握译文表达，由此实现了作者—译者—读者的"一人三体"。

"第三只手"紧紧扯着中国的衣襟，可能于沙博理而言，这只手最为关键。他经历了新中国成立、改革开放等大事件，见证了中国从百废待兴到高速发展，对中国的感情从刚到中国的同情，到理解、认同和热爱，他对中国是饱含深情的。沙博理本人也确确实实紧紧追随中国快速发展的步伐。临近退休之际，他开始写作，从马海德传记到四川经济改革，从中国古代刑法到中国的犹太移民，他一直在身体力行地传播中国文化，向西方展示了一个不断发展的、充满活力的中国。沙博理深知，翻译不仅是语言的转换，更是文化的交流和传播，翻译工作需要紧跟时代的步伐。他紧跟中国发展的脚步，为中西文化交流贡献自己的力量。

---

① 洪捷.五十年心血译中国——翻译大家沙博理先生访谈录[J].中国翻译，2012（4）：63-64.

沙博理"三只手"的比喻不仅是他对外宣事业的认识，更是他对自己复杂文化身份的深刻理解。他在中西文化之间游刃有余地穿梭，既需要深厚的语言功底和文化理解能力，也需要敏锐的洞察力和适应能力。他的"三只手"，生动地描绘了他在翻译事业中的多重角色和职责，也反映了他对自己文化身份的独特认识和自豪感。

第九章　沙博理的诗歌翻译观

沙博理复杂而多变的文化身份使他在翻译领域独树一帜，不同于中国本土译者与西方译者。他的诗词歌谣翻译，独具匠心，自成一派。尽管沙博理关于翻译的论述不多，但众多访谈文章和节目记录了他的智慧与洞见。结合沙博理的译作，本章尝试探究其诗歌翻译观，并以此为本书做一总结。

一、整体性思维

沙博理极具洞察力和智慧，处世哲学中有很强的全局观念。这种观念反映在诗歌翻译上，就是一种整体性思维。所谓翻译的整体性思维是指译者在翻译时着眼于译文的整体效果，兼顾部分与整体的和谐统一，强调两者之间的关系。

沙博理所译诗歌多为小说行文的一部分，承担着叙事功能和结构功能，这就使得译诗要在服务整体叙事的前提下，保持诗歌特征。首先，从小说整体布局来看，沙博理的诗歌翻译是对整体叙事的协调。沙博理翻译《水浒传》采用的底本共有诗词250首，他删减了其中的大多数，只翻译了42首。此举招致批评，有学者认为《水浒传》沙译本中诗词的大规模删减会损坏原文文雅的艺术特点，使章回体小说的艺术魅力略有所失[①]。

[①] 王丽虹.中国章回体小说的艺术特色及沙博理对《水浒传》的英译[J].语文学刊,2005(22):54-57.

也有学者指出,将引诗省略不译会导致读者在一定程度上欠缺故事背景知识[①]。但若从译本的全局加以考察,就能发现沙博理此举的真意。

沙博理采用百回底本,前七十回为金圣叹本,后三十回是容与堂本,两个版本本身在诗词布列上就存在巨大差距。前七十回原文诗词数量较少,共25首,沙博理全部译出未删减。而后三十回共有诗词225首,是前七十回的近十倍,沙博理只翻译了其中17首。与前七十回相比,后三十回每回都有引诗,以及数量极多的证诗,沙博理未译诗词包括全部引诗以及大部分的证诗。后三十回穿插的大量诗词,与前七十回形成极大的叙事差异。原文读者如了解底本不同,尚可接受此种叙事差异,但对于目的语读者来说,难免会造成阅读障碍和叙事理解偏差。为弥合此差异,沙博理有意按照前七十回的处理方式,只留下对小说叙事连贯有用的诗词,保持小说译本整体叙事结构的一致性。这种考量和处理体现了沙博理的全局观念,与此同时,沙博理也没有消解诗词的艺术性。从本书上编对《水浒传》沙译本中的诗词鉴赏来看,其译文是忠实与再创作的融合。可见,沙博理既没有过度突出诗词作为部分存在的特殊性而破坏小说整体的一致性,也没有因整体调控而丢失诗词的艺术性,兼顾了整体与部分的辩证统一。

除了对《水浒传》中的诗词整体调控以求得叙事一致之外,沙博理也在译诗微观层面做到整体与部分的辩证统一。在《我的父亲邓小平》中,邓榕引用《国际歌》第二段前四句来表示家庭中传承的乐观主义和坚强不屈的精神,我们看一下沙博理如何处理:

---

① 白鹤,赵澍.浅析中外名著文体的不可译性[J].内蒙古农业大学学报(社会科学版),2004(2):123-124.

第九章　沙博理的诗歌翻译观

原诗：

我们明白，欢乐与幸福，要自己去寻找，自己去争取。困难和忧伤，要用自己的坚强和努力去克服。乐观主义，在逆境中更要保持。还是《国际歌》中的那句话，"从来就没有什么救世主，也不靠神仙皇帝，要创造人类的幸福，全靠我们自己。"①

沙博理译文：

You had to seek your own happiness, fight for it. You had to overcome difficulties and hardships by your own stubborn efforts. And you must be forever optimistic. Just as the *Internationale* proclaims:

Nobody'll bring us liberation,

Nobody, no God, no hero great.

We will achieve emancipation,

With our own hands decide Man's fate. ②

原文引用的中文歌词是1939年萧三所译版本，具有明显的中国文化特色。在美国普遍演唱的《国际歌》是由查尔斯·霍普·科尔（Charles Hope Kerr）翻译、发表在世界产业工人联盟（IWW）于1923年推出的《小红歌集》（*Little Red Songbook*）第19版的译本，与上例中引用四句对应的英文为"We want no condescending saviors / To rule us from a judgment hall; / We workers ask not for their favors; / Let us consult for all." 沙博理并

---

① 毛毛.我的父亲邓小平："文革"岁月[M].北京：中央文献出版社，2000：172.
② Deng, Rong. Deng Xiaoping and the Cultural Revolution—A Daughter Recalls the Critical Years [M]. Sidney Shapiro (trans.). Beijing: Foreign Languages Press, 2002: 153.

未采用已有的《国际歌》英译文，而是根据中文转译的。《国际歌》英译文是由法文翻译，强调工人在社会运动中的能动性和推动力，而邓榕在此引用的目的是要突出个人面对人生逆境时的主观能动性，沙博理的译文与之用意相契合。译文最后一句"with our own hands decide Man's fate"直接抒发了"命运掌握在自己手中"的情感，是对上下文叙事的衔接。在诗歌艺术性的呈现上，沙博理的译文两两押头韵，隔行押尾韵，保证了译诗的韵律。各诗行的音节数分别为7、8、7、7，节奏感较强，抑扬格和重抑格的混合使用使得节奏流畅且富有变化。沙博理在保证译诗整体叙事功能的同时，并未忽略《国际歌》的歌曲性质，做到了整体功能与部分特征的辩证统一。据此，对于小说中的诗歌翻译，既不能因诗歌体裁的特殊性而忽视其对于小说整体的叙事价值，也不能将诗歌作为部分全权处理，需要达到整体和部分的协调。译诗在服务于整体的同时，又保持自身的诗歌特性，这是整体性思维的核心。

此外，本书第五章指出沙博理英译政治讽刺诗时积极寻求叙事认同，这种意识也是沙博理整体性思维的体现。他将袁水拍的政治讽刺诗置于当时的全球语境下加以审视，从叙事角度做出了灵活的调整，删减了部分内容，令译诗更好地融入国际话语之中。这里我们再看一例：

原诗：

"什么？俄罗斯的芭蕾舞？

上帝啊，还有什么比这更恐怖？

停止！快快给我拉上幕！"①

---

① 袁水拍.春莺颂[M].北京：人民文学出版社，1959：70.

第九章　沙博理的诗歌翻译观

沙博理译文:

Russian ballet here in Paris?

Pull the curtain, *mon Dieu*!

The thought's too terribly *terrible*,

It's just too frightfully *affreux*.①

原文是袁水拍创作的《法兰西喜剧》中的首段，该诗讽刺了1954年法国政府禁止苏联芭蕾舞团在巴黎演出的事件。沙博理翻译时并未因目标读者是英语母语者，便将"上帝啊"简单地译为 My God，而是将原诗所叙事件置于国际语境之下，将其译为法语 mon Dieu。这一选择不仅忠实于原诗的情感表达，更重要的是，它精准地反映了原诗的文化背景和讽刺语境，展现了沙博理对全球政治文化的敏锐洞察力。在处理"恐怖"一词时，沙博理选择了法语词汇 affreux，而非简单的英语 terrible，这再次突出了他在语言表达上的全球意识。通过使用法语词汇，译诗不仅国际味颇浓，还进一步强化了讽刺效果，使得译文在保留原意的同时，也更具地域特色和时代感。

无论是对《水浒传》中古典诗词的处理，还是对政治讽刺诗等现当代诗歌的传译，沙博理的译文都展现出整体性思维，注重整体与部分的统一。这种思维使得他的译作不仅是语言的转换，更是文本与文化和历史语境的有机统一。

二、"协和"文化理念

"协和"一词最早出自《尚书·尧典》："九族既睦，平章百姓。百姓

---

① Yuan, Shui-Po. Soy Sauce and Prawns: Satiric Political Verse [M]. Sidney Shapiro (trans.). Beijing: Foreign Languages Press, 1963: 21.

昭明，协和万邦"。这里的"协和"是令万邦和谐融洽。面对差异，古来圣贤都希望能实现和谐共存。"和"在中国传统哲学中是一种处理差异和矛盾的理念，于差异处求得双方的协调与平衡，"和而不同""求同存异"都是对这一理念的阐释。"和"强调的是一种最终状态，"协和"是协调过程与结果的统一。翻译中尽可能在源语和译入语的各方面差异中寻求两者的契合点，从而令译文达到两种文化之间的平衡、和谐状态，这就是一种"协和"的文化理念。这一理念类似霍米·巴巴所提出的"第三空间"概念。所谓"第三空间"是一个文化的"间隙"空间，不同的民族和文化在此空间内交互，构筑一个不属于任何一方的杂合体，从而协调差异以进行对话和协商。沙博理的"协和"文化理念体现于忠实性与创造性的协和、抒情与叙事的协和两个方面。

（一）忠实性与创造性的协和

汉诗与英语诗歌在诗学、形式和艺术技巧方面存在显著的差异，尤其汉诗在语法上所具有的"超脱分析性、超时空、多重暗示性、意象并置等"[①]，是无法在英语中一一再现的。如果力求忠实于原诗，译诗的可读性和艺术性必然大打折扣，有时甚至是以牺牲可读性为前提。沙博理曾就毛泽东诗词翻译的相关问题给袁水拍写过一封信，信中谈论了他对毛诗英译的看法，其中说道：

> 写诗抒情，贵在精妙，而措辞用语难免隐含诗人生长之地的历史、传统习俗、风土人情，乃至整个社会文化，唯有与诗人同频共振，才能披文入情。译者面临的情况大抵相同，但难度更上一层。以译入语为母语的译者绝难吃透原诗文化。（以源语为母

---

① 董洪川.中国古典诗词英译的困境[J].重庆师院学报（哲学社会科学版），1995（2）：93.

语的译者虽对自身文化熟稔于心，却难以吃透译入语文化，将译文完美融入。）

但诗可译，也真有译得好的。世界文学史上就有些说得上名的先例，译得达雅兼具，都是由诗人译入本国语言的。这一点很关键。原诗的美感难免因双语转换而部分缺失，若译者本身就是诗人，则可以创造性翻译，在忠于原诗的精神之上，为译文增色些许，多少能弥补流失的美感。①

对于诗词翻译，沙博理提出要在忠实于原诗的基础之上进行再创作，如此才可以弥补翻译所造成的美感流失。从上编对沙博理所译古典诗词的鉴赏中也能看出，沙博理本人也在践行这一理念。无论是对意象的重构、叙事时空的重置，还是对语体色彩的调适与文化差异的调和，实际都是其忠实性与创造性协和理念在文本层面的呈现，最终要实现译诗的诗意传达。

（二）抒情与叙事的协和

在鉴赏沙博理所译《水浒传》诗词时，我们发现沙博理尤为注重原诗意象所要传达的意境，译文选用的词和语言结构极为写意，注重"留白"，可谓抓住了汉诗中"意象"的精髓，是一种写意式翻译。写意式翻译强调翻译中的创造性和艺术性，注重对整体意境和诗意的传达。如果从中西思维差异来看，写意式翻译在一定程度上体现了中国人的悟性思维。但稍加分析，可以看出这种写意是与精密的叙事相得益彰的。我们可以回看沙博理所译的《减字解连环·楚天空阔》一词：

---

① 叶念伦 编.诗译经范：回顾毛泽东诗词翻译[M].北京：外文出版社，2023：35.

原诗：

楚天空阔，雁离群万里，恍然惊散。自顾影，欲下寒塘，正草枯沙净，水平天远。写不成书，只寄的相思一点。暮日空濠，晓烟古堑，诉不尽许多哀怨！拣尽芦花无处宿，叹何时玉关重见！嚎呖忧愁呜咽，恨江渚难留恋。请观他春昼归来，画梁双燕。

沙博理译文：

Far from the startled scattered flock

In the vast clear firmament

A wild goose flies.

A lone shadow seeking a sheltering pond

Finding naught but dry grass, sandy wastes,

Open water, endless skies.

No poet,

I can only set down these few thoughts.

Dusk in an empty ravine,

Campfire smoke in an ancient fort,

I'm more dejected than I can say!

Though we've cleared the reeds

We've no place to spend the night.

When, oh when, will we see once more

The Yumen Gate to our homeland!

> Drearily, I sob and sigh,
> Longing to depart this hateful river.
> Would that spring come soon again,
> With swallows nesting in the beams.[①]

原诗第一句是"天—孤雁—雁群"的叙事铺展,先以"楚天"的意象渲染氛围,这是中国传统美学的诗意表征。沙博理在译文中将其重构为"雁群—天—孤雁",先叙述"孤雁"之所以"孤"的原因,即离群惊散,再引出孤雁。这种精细的叙事调整,加以 a wild goose 单独成行,使得译文进一步突出了孤雁的意象。下一句中场景从天入地,原诗的"欲"和"正"都属于模糊表述,沙博理在译文中用两个动词 seeking 和 finding,明确了孤雁的行为,使得叙事清晰,符合西方读者的思维习惯。在明确孤雁的动机和行为之后,续接四个意象"dry grass, sandy wastes, open water, endless skies",实乃精确叙事与意象的有机结合。

再如"拣尽芦花无处宿,叹何时玉关重见!",原诗以"孤雁"比喻自身,无栖息之处,不知何时才能与兄弟们相见。沙译文中添加 though 作为连词,明确了事件之间的关系。叙事之后,紧接"when, oh when"的情感表达,两个 when 的重复,无疑强化了想要"重见"的急迫心情,叙事与抒情紧密结合,缺一不可。

西方思维长于叙事,中国思维长于抒情,沙博理的双重文化身份,使其能将英语的理性思维和汉语的悟性思维融合于一体,实现叙事和抒情的协和。

[①] 施耐庵,罗贯中.水浒传:汉英对照[M].沙博理 译.北京:外文出版社,1999:2723.

三、对话意识

谈及文学翻译时,沙博理曾引用"译者即逆者"的妙语,并指出"无论如何不可能把原作的细微差别和传统风味完全翻译出来。翻译像走钢丝,倒向这边不行,倒向那边也不行。能够表达风格,而且外国人可以接受,那就可以了"①。可以看出,沙博理将目的语读者的接受度视为衡量译文的标准之一。在一次接受采访时,被问及中国文化走出去的问题时,沙博理认为"首先就要做到有的放矢,要考虑接受对象的特点,了解他们的接受和理解能力"②。对于外宣工作,沙博理始终将目的语读者置于首位。但是,他并不主张一味迎合目的语读者需求而牺牲原文的内核,他提倡的是一种双向的对话。

"向国外读者译介中国作品要考虑受众对象。若有些作品的内容外国读者看了没什么兴趣,或与作品最重要的主题脱离,可以翻译也可以不翻译。"③ 由此可见,沙博理所倡导的读者意识并不是为了读者理解而一味归化,而是根据受众的层次和水平,抓住受众的兴趣点,灵活调整译文。这一观点可以解释为何在翻译袁水拍政治讽刺诗时,沙博理做了大量改动,尤其在叙事层面,多首诗歌近乎是保留原诗精神内核,但完全以新的叙事方式呈现,以此达到让外国读者看懂的目的。

除此之外,翻译《水浒传》时将大量引诗和证诗删除,也是沙博理对话意识的体现。在他看来,《水浒传》中的引诗适合几百年前的听众,但英译本面向的读者大多数是西方的知识分子,每章之前用大白话再说一遍实属多余,因而他就删除了这些诗歌④。沙博理总是能以"文化中间人"的

---

① 洪捷.五十年心血译中国——翻译大家沙博理先生访谈录[J].中国翻译,2012(4):63.
② 牛春颖.沙博理:带着《我的中国》参加两会[N].中华新闻报,2007-03-14.
③ 洪捷.五十年心血译中国——翻译大家沙博理先生访谈录[J].中国翻译,2012(4):63.
④ 张晓.沙博理与《水浒传》[J].国际人才交流,2016(7):12-15.

身份审视翻译,力求汉语原文与译语读者实现对话与沟通。

　　沙博理以整体性思维,将中国文学置于全球语境之下,秉持"协和"文化理念,力求实现中西对话,这种诗歌翻译观是融通中外的宏大理念下的呈现,就像沙博理本人所说,译者要"为了全世界人民文化交流"[①]。不仅是诗词歌谣英译,可以说,沙博理一生的翻译事业都是在践行这一理念。

---

① 洪捷.五十年心血译中国——翻译大家沙博理先生访谈录[J].中国翻译,2012(4):64.

后　记

自 2014 年中国外文局沙博理研究中心中国海洋大学研究基地成立以来，我带领团队在沙博理翻译研究领域深耕。"沙博理"三个字，于我而言，于团队而言，早已成为一个学术印记，也是一种精神指引。

沙博理是公认的小说翻译家，再具体一些，可以说是"红色小说翻译家"，但从来没有人称他是"诗歌翻译家"。沙博理翻译的诗词歌谣数量并不多，那为何我们要花费如此精力写这样一部书呢？

自有翻译活动以来，中国翻译史上的几次翻译高潮都是以外译中为主。进入 21 世纪以来，随着中国综合国力的增强，世界了解中国的需求增加，中国文化、历史、经济等各方面著作都在更加频繁地译入世界各地。中国的翻译事业已经从"翻译世界"走向"翻译中国"，这是一种历史的必然[1]。新的时代需求催生了新的翻译实践，"翻译中国"的使命对我国翻译事业的多个层面都提出了新的要求。中国外文局原局长周明伟曾说："讲述好中国故事，传播好中国声音，展示好中国形象，沙博理成了一个标杆和楷模。"[2] 沙博理为何会成为外宣事业的楷模呢？本书就给出了很好的答案：中国立场，国际叙事，我们将其称为"沙博理式翻译传播范

---

[1] 黄友义. 从"翻译世界"到"翻译中国"：对外传播与翻译实践文集[M]. 北京：外文出版社，2022：158.
[2] 刘彬. 架在中国与世界之间的桥[N]. 光明日报，2014-10-26.

式",这也是本书写作的主要动因。

沙博理翻译的诗词歌谣体现了传播中国的智慧。从理论联系实际的角度深入剖析这些译文,无疑是一次寻获智慧之旅,对构建融通中外的话语体系具有一定借鉴意义。

本书并非学术性专著,作为译文品鉴,作者的情感和文艺倾向自然不可避免。自 2003 年于南开读博时初遇沙博理所译《林海雪原》,我便折服于沙老的翻译艺术。他的译作有大局观,同时又处处巧思,体现了他本人的处世哲学和智慧。虽然他以小说翻译而闻世,但我们认为其所译诗词歌谣更能体现沙老的语言功力和洞察力。因而,从情感上来说,我们希望读者能从他翻译的诗词歌谣中,了解一个更为鲜活且富有诗意的沙博理。

多年来,中国外文局中国翻译研究院和中国海洋大学外国语学院对沙博理研究团队给予支持和关爱。闫莉平、战蓉蓉、马小博、尹梦雯、汤善泽等中国海洋大学研究生参与了本书的前期工作。在本书写作过程中,黄友义先生多有鼓励并欣然赐序,博士同窗张保红教授专于诗歌翻译研究,为本书提出宝贵意见并慨然赠序。出版过程中得到责任编辑张丽娟女士的倾力相助。在此一并致谢!

任东升

2024 年 6 月 8 日

图书在版编目（CIP）数据

述志为本：沙博理英译诗词歌谣品读 / 任东升，王芳著． -- 北京：外文出版社，2024.12
（"译中国"文库）
ISBN 978-7-119-13899-2

Ⅰ．①述… Ⅱ．①任… ②王… Ⅲ．①诗歌－英语－文学翻译－中国②沙博理（Shapiro, Sidney 1915-2014）－文学翻译－研究 Ⅳ．① H315.9 ② I207.22 ③ I046

中国国家版本馆 CIP 数据核字（2023）第 244972 号

出版指导：胡开敏
出版统筹：文　芳
项目协调：熊冰頔
责任编辑：张丽娟
装帧设计：星火设计实验室
印刷监制：章云天

述志为本

沙博理英译诗词歌谣品读

任东升　王芳 著

© 2024 外文出版社有限责任公司
出　版　人：胡开敏
出版发行：外文出版社有限责任公司
地　　址：中国北京西城区百万庄大街 24 号　邮政编码：100037
网　　址：http://www.flp.com.cn　电子邮箱：flp@cipg.org.cn
电　　话：008610-68320579（总编室）
　　　　　008610-68995861（编辑部）
　　　　　008610-68995852（发行部）
印　　刷：北京盛通印刷股份有限公司
制　　版：北京杰瑞腾达科技发展有限公司
开　　本：710mm×1000mm　1/16
字　　数：210 千字　　　　印　张：15.75
装　　别：平装
版　　次：2024 年 12 月第 1 版第 1 次印刷
书　　号：ISBN 978-7-119-13899-2
定　　价：68.00 元

版权所有 侵权必究 如有印装问题本社负责调换（电话 010-68329904）